JN295915

現代ドイツ地方税改革論

関野満夫

日本経済評論社

目　　次

序論——本書の課題と構成—— ………………………………………1

第1章　第2次大戦前ドイツの市町村税 ………………………………7

　　　はじめに　7
　　　I　第2帝政期プロイセン邦の市町村税　8
　　　II　ワイマール期の市町村税　13
　　　III　ワイマール期の営業税と負担問題　20
　　　IV　大恐慌以降の市町村財政と公民税　27
　　　おわりに　32

第2章　第2次大戦後ドイツの市町村税
　　　　―営業税の動向と改革を中心に― ………………………37

　　　はじめに　37
　　　I　第2次大戦後の市町村税の構造と変遷　38
　　　II　第2次大戦後の営業税　42
　　　III　1960年代・70年代における営業税改革　46
　　　IV　1980年代以降の営業税と営業税改革論　51
　　　おわりに　58

第3章　市町村税の共通税化と都市財政 ………………………………63

　　　はじめに　63
　　　I　所得税市町村配分と都市の利害　64
　　　II　営業資本税廃止と売上税市町村参与　69

Ⅲ　旧東独地域の市町村税収問題　74
　　おわりに　77

第4章　ドイツにおける地方所得税構想
　　　　——トレーガー委員会『勧告』(1966年)を中心に——　…79

　　はじめに　79
　　　Ⅰ　『勧告』における営業税批判　80
　　　Ⅱ　『勧告』の市町村所得税構想　85
　　　Ⅲ　『勧告』による市町村税改革とその問題点　89
　　　Ⅳ　連邦、州、市町村の『勧告』への評価　94
　　おわりに　97

第5章　ドイツにおける地方付加価値税構想
　　　　——連邦財務省学術顧問団の報告(1982年)を中心に——　……103

　　はじめに　103
　　　Ⅰ　連邦財務省学術顧問団の地方付加価値税構想　104
　　　Ⅱ　都市と地方付加価値税　109
　　　Ⅲ　経済と地方付加価値税　115
　　おわりに　121

第6章　経済界の所得税・法人税付加税案
　　　　——ドイツ工業連盟の2001年提案を中心に——　…………127

　　はじめに　127
　　　Ⅰ　ドイツ工業連盟の営業税批判　128
　　　Ⅱ　所得税・法人税への付加税案　132
　　　Ⅲ　市町村間の付加税率格差　137
　　　Ⅳ　都市からみた所得税・法人税付加税案　142
　　おわりに　146

第7章　営業税代替をめぐる妥協的改革案 …………………149

　　はじめに　149
　　Ⅰ　地方付加価値税と売上税控除　150
　　Ⅱ　売上税市町村参与拡大と所得税・法人税での税率操作権　154
　　Ⅲ　所得税・法人税付加税と不動産税増徴　159
　　おわりに　164

参考文献　169
あとがき　177

序論──本書の課題と構成──

　本書は現代ドイツにおける市町村税の構造的推移の実態と、市町村税をめぐる改革論議の動向と特徴を実証的に検討しようとするものである。言うまでもなく地方自治体において自前の租税収入が確保されていることが、その行財政運営にとって極めて重要な基盤となる。その際、自治体にとって地方税の収入規模が重要であるのはもちろんのこと、それ以外にもいかなる租税が地方税として確保されのか、またその地方税活用において自治的・自律的要素がどの程度保証されているのかも、合わせて重要である。さて、そうした地方税のあり方や動向を考える上で、現代ドイツの市町村税は次のような意味において興味深い。

　第1に、ドイツの市町村税は第2次大戦後から2000年代の現在にいたる間にその構造を大きく変貌させてきたことである。1960年代までは市町村税はもっぱら営業税に依存していたが、1970年代から現在にかけては連邦・州の共通税たる所得税や売上税への市町村参与分が増加してきたのである。これはある意味で地方税を営業税のみで、つまり収益税ないし物税のみでまかなうことの限界を示すと同時に、現代自治体財政においては所得課税や消費課税も独自の役割を果たさざるをえないことを示しているのであろう。そして実は、第2次大戦前のドイツの市町村税においては所得税と収益税が事実上の主要税源として活用されてきた歴史があるのである。いずれにせよ、現代ドイツの市町村税の歴史的推移を検討することによって、自治体財政における地方税のあり方や個々の地方税の意義と限界の一端を解明できるのではないかと思われる。

　第2に、第2次大戦後のドイツ市町村税はもっぱら営業税に依存してきたがために、市町村税の矛盾や批判も営業税に集中的に表れた。そのため市町村税の改革とは、営業税をいかに改革するのか、もしくは営業税を廃止・縮小する

ための代替税源をどこに見出すべきか、ということが焦点になっていた。そうした中で第2次大戦後のドイツにおいては、政府サイド、自治体サイド、経済界サイドさらに研究者・研究団体サイドから地方所得税、地方付加価値税、地方消費税など様々な市町村税改革案が提出され、活発に議論されてきたのである。ただ、営業税を完全に廃止する、ないしは別の市町村税に完全に転換していくというこれらの改革提案は、地方税のあり方としての論理・方向は明確であるが、改革による影響も大きいがゆえにその実現が困難になるのも事実である。それでも、それぞれの立場から展開されたこれらの営業税改革案ないし営業税の代替税源案は、われわれが現代財政における地方税のあり方を考える上で有益な視点や論点を提供してくれるのではないか。

　第3に、ドイツの市町村においては、市町村税は単に租税収入を確保するということだけではなく、行政サービスにおける受益と負担の検討や、自治を支える民主主義的要素の一環としても位置付けられてきたことがある。それは端的には、地方税における市町村の税率操作権が極めて重要視されてきたということにも反映している。つまりドイツの市町村は、第1次大戦前には所得税付加税率を通じて、第1次大戦後および第2次大戦後には収益税とくに営業税の税率操作を通じて、一定の自律的な財政運営を遂行してきたという歴史と実績がある。逆に言えば、市町村が税率操作権を行使するがゆえに当該市町村税が政治的争点になりやすいという側面もあった。いずれにせよドイツ市町村税の歴史的経緯は、税率操作権を備えた自治的な地方税とは自治体財政にとっていかなる意義をもち、いかなる課題や問題を発生させるのかを考えるにあたって興味深い材料を提供してくれるであろう。

　およそ以上のような問題意識ないし関心をもって本書では次のような方法で考察を進めていこう。第1に、現代のドイツ市町村税の構造と特徴をその歴史的経緯を通じて明らかにすることである。つまり19世紀末以降の近代市町村財政の形成過程から、第2次大戦後および2000年代の現在にいたる現代市町村財政の中での市町村税の動向および変化を検討することである。言うまでもなく今日のドイツの市町村税とは、これまでの歴史的経緯と経験や議論を通じて形

成されてきたのであり、その理解を欠いては市町村税改革のあり方も正確に評価することはできないと考えるからである。第2に、第2次大戦後ドイツにおいて提案された抜本的な営業税改革案ないし営業税の代替税としては、とくに地方所得税と地方付加価値税に注目する。営業税改革提案には様々なものがあるが、この両税案は税率操作権を備えた自治的な市町村税として比較的に高く評価できるからである。第3に、第2次大戦後ドイツの市町村税改革に関しては、とりわけドイツ都市会議を中心にした都市の立場に注目する。それは一つには、これまで実施されてきた営業税改革ないし市町村税改革によって都市財政の立場が相対的に悪化して都市の税収問題が深刻化していること、いま一つにはドイツ都市会議は毎年度の『市町村財政報告』の発行等を通じて、市町村税や市町村財政の諸問題について比較的豊富な資料と独自の見解を発表してきており研究素材として取り組みやすいということもある。

　さて、本書の構成は以下のとおりである。まず第1章から第3章までは、19世紀末から2000年代にかけてのドイツ市町村税の構造変化の推移が解明される。第1章では、第2次大戦前ドイツの市町村税の推移を所得税と収益税・物税の関係を中心に明らかにする。つまり、第2帝政期プロイセン邦ではミーケル改革によって物税が市町村税化されたものの、所得税付加税が市町村財政において重要な位置を占めていたこと、また1920年代・ワイマール期には市町村は所得税に関与できなくなり、残された営業税の酷使と企業負担問題が発生してこと、さらに大恐慌以降には政府による市町村営業税への課税制限が実施され、その代替税源として公民税という一種の所得課税が導入されてきた経緯と問題点を解明する。第2章では、第2次大戦後の市町村税とくに営業税の制度、実態、問題点を整理し、営業税改革の議論と推移、そしてその帰結を検証する。とくに1969年改革での所得税市町村参与導入、1979年改革での賃金額税廃止、1998年改革での営業資本税廃止の経緯と問題点を明らかにする。第3章では、1990年代以降の市町村税収を素材に、市町村における営業税の縮小と所得税、売上税という共通税への市町村参与拡大が、都市・郊外の税収問題を先鋭化させながら都市財政にとって不利益が発生してきたことを検証する。

続いて第4章から第7章において、営業税改革ないし営業税の代替税の代表的な諸提案を検討する。第4章では、1966年に発表された連邦のトレーガー委員会『勧告』による地方所得税構想を検討する。『勧告』による営業税批判の論点や、『勧告』の提唱する市町村所得税構想の意義と限界を検証するとともに、提案そのものは当事者である連邦・州・市町村から必ずしも歓迎されていなかった状況を解明する。第5章では、1982年の連邦財務省学術顧問団『報告』による地方付加価値税構想を検討する。営業税に代替するものとして地方付加価値税案は、営業税の再生をめざすドイツ都市会議の要求にも近い。しかし現実には、改革による郊外市町村の税収減や、企業・経済界にとっての負担格差の発生、さらに物税・外形標準課税そのものへの経済界の反発や州政府の消極的姿勢などの障害も大きかったことを明らかにする。全体としてここでは市町村税としての地方付加価値税の意義と限界を実証的資料を利用しつつ検証していく。第6章では、2001年のドイツ工業連盟と化学工業連盟による所得税・法人税付加税案を、経済界から主張された地方所得税構想として位置付け、実証的資料を利用しつつそのねらいと問題点を検証する。税率操作権つきの地方所得税とは、本来的には自治税源としてふさわしいはずであるが、現実には同構想はドイツ都市会議など自治体サイドからは反発を招いている。ここでは、営業税に代替しようとするこの地方所得税構想が、ドイツの都市財政からみてどのような問題点があるのかを解明する。第7章では、営業税代替をめぐるいわば妥協的改革案を検討する。従来、営業税に代替する市町村税としては地方所得税、地方付加価値税、地方消費税（売上税市町村参与拡大）などが提唱されてきた。しかし、営業税を完全に廃止してこれらの市町村税を新たに導入すると、都市・郊外市町村の税収損得の発生、企業・経済界の負担問題、市町村の税率操作権の喪失など、それぞれに重大な問題が発生しかねない。それだけ政治的反発も大きくなり、改革の実現可能性がなくなってしまう。そうした中で、近年には大枠としての営業税改革ないし営業税の廃止・縮小に接近することを第一義的課題として、そのためのいくつかの妥協的な改革提案もなされている。そこでここでは、その代表的なものとして、売上税控除を加味した地方

付加価値税案、所得税・法人税での税率操作権を加味した売上税市町村参与拡大案、不動産税増徴と結合させた所得税・法人税付加税案をとりあげ、そのねらいと問題点を検討しよう。

第1章　第2次大戦前ドイツの市町村税

はじめに

　資本主義的発展とともに近代国家の租税体系の重心は収益税ないし物税から所得税ないし人税へとシフトしてくる。一方、近代国家財政の膨張過程の中で中央政府と地方政府の一定の役割分担が形成され各級政府間での租税配分をいかに行うべきかが問題となる。そして一般には、中央政府には応能原則による所得税が配置され、地方政府には応益原則による収益税が配置されることが多い。その際、所得税では中央集権的画一的な課税となるのに対して、収益税では地方政府の自治的課税の余地も生まれる。

　しかしながら実際に近代国家の財政需要膨張に直面する地方政府にとっては地方税源としての収益税には次のような問題点もある。第1に、収益税は所得税に比べると税収の伸長性に劣ることであり、これはとくに資本主義経済発展期には顕著になる。第2に、地方政府の財政支出内容が対人サービスを中心に多様化し膨張する中では、その財源調達を応益原則のみで合理化することが困難になる。第3に、膨張する財政需要に対して地方政府が独自に収益税のみを重課すれば立地企業など当該地域経済との矛盾が深刻化せざるをえない。

　さて19世紀のプロイセン邦国以降、第2次大戦前のドイツにおいては中央政府には所得税を地方政府には収益税ないし物税をという租税配分の政策志向が根強かった。とはいえ実際の市町村財政をみると、一方では収益税のみで運営するのは不可能であり所得税付加税や所得税分与などによって補完される必要があったし、他方では収益税とくに営業税の自治的課税による負担問題も発生

せざるをえなかったのである。そこで本章では、第2次大戦前ドイツの市町村税に焦点を当てて、近代財政ないし現代財政形成過程における地方政府の収益税ないし物税と所得税の位置付けと関連について検討してみよう。本稿の構成は以下のとおりである。第Ⅰ節では19世紀以降のプロイセン邦の市町村税をミーケル改革の成果と限界を中心に明らかにする。第Ⅱ節では1920年代におけるワイマール共和国の財政改革の中での市町村税の変化を整理し、第Ⅲ節ではとくにワイマール期の営業税の市町村間格差と負担問題の実態を明らかにする。そして第Ⅳ節では大恐慌以降の1930年代における市町村税の変化と、とくに営業税の負担構造と公民税導入について検討していく。

Ⅰ 第2帝政期プロイセン邦の市町村税

(1) ミーケル改革と邦・市町村税

1834年のドイツ関税同盟を経て1871年にはドイツ帝国(第2帝政)が発足するが、財政システムに関しては各邦国の独立性と独自性が強く、邦税や市町村税についても各邦国ごとに相当な差異があった[1]。そこでここではドイツ帝国において人口・面積でも最大邦国であり、政治的にも帝国内で支配的地位にあったプロイセン邦(プロイセン国王=ドイツ皇帝、プロイセン首相=ドイツ帝国宰相)における市町村税の特徴と推移を概観しておこう。

さてプロイセン邦において近代的な租税システムと市町村税システムの確立の契機になったのはプロイセン邦国財務大臣 J. ミーケル (Johaness von Miquel) による1891～93年の一連の財政改革(ミーケルの改革)である。これによってプロイセン邦において邦税としての近代的所得税が導入され、また邦と市町村の税源分離によって市町村財政を支える独自の市町村税が整備されることになった。以下、具体的にみてみよう[2]。

プロイセン邦における所得税の起源は19世紀初頭にさかのぼる。いわゆるシュタイン=ハルデンベルクの財政改革の中で、所得税は対仏戦争の財源として

1808年に一旦は導入されたが、国民の戦後負担感や、申告納税義務や納税者の財産・所得調査への反発も強く、戦争終了後の1814年には廃止されてしまう。その後、1820年に階級税が導入され、さらに1851年には階級税および階層所得税が導入されるが、これらは納税者を外形的な基準によって大まかに区分して課税したり、負担額の上限が設けられるなど、納税者の負担能力に応じて課税するという近代的所得税からは程遠いものであった。結果的に、これらの租税では富裕層への十分な課税ができず、また税収の伸長性も発揮できないため、経費が膨張しつつある帝国主義期のプロイセン邦にとっては基幹的租税としての役割を果たせなくなっていた。

　こうした経緯を経て1891年にミーケル財務大臣の下でプロイセン所得税法が成立した。ここでは所得源泉説に基づいて納税者の資本資産所得、土地・家屋資産所得、商業・工業資産所得、雇用所得が分離確定された上で、その合算所得に0.6〜4.0％までの緩やかな累進税率が適用され、また課税最低限（年間所得900マルク）や児童控除など課税における社会政策的配慮も導入された。この結果、プロイセン邦における所得税収は急速に増加するようになり、邦税収に占める所得税の比重でも1865年4.3％、1880年12.4％から1900年56.5％、1914年66.6％へと急速に上昇して、邦の基幹税収としての地位を確立したのである[3]。

　一方、プロイセン邦において近代的な市町村税システムを確立したのが1893年のプロイセン地方税法（Kommunalabgabengesetz）である。この地方税法成立の背景には次のようなことがある。19世紀以降のドイツの資本主義的発展とともに市町村地域の工業化、都市への人口集中が進み、市町村とくに都市での教育、治安、衛生、街路整備、上下水道などの行財政需要が膨張してきた。ところが当時の市町村財政収入では、原則として財産収入や使用料・手数料収入が第一義的なものとされ、租税収入でもプロイセン邦税たる所得税や物税（Realsteuer）つまり地租（Grundsteuer）、家屋税（Gebäudesteuer）、営業税（Gewerbesteuer）など収益税への付加税が大半であった。かくして市町村には近代的自治と近代的財政を支える独自の市町村税が必要になっていたのであ

表1-1 プロイセン邦の都市（人口1万人以上）の市町村税収の推移

(単位：万マルク)

年度	1876/77	1891/92	1895/96	1899/1900
間接税	508	725	2,033	2,790
所得税（A）	5,464	10,391	9,311	13,705
物税（B）	982	1,672	7,160	9,549
地租・家屋税	314	710	5,095	6,444
営業税	59	96	2,017	3,105
未分類物税	608	866	48	—
市町村税計（C）	6,956	12,790	16,471	23,255
A／C	78.5%	81.2%	50.3%	49.9%
B／C	14.1%	13.1%	38.7%	36.4%

(出所) Kaufmann, *Die Kommunalfinanzen 2. Bande*, Leipzig 1906, S. 364.

る。

　加えてプロイセン邦財政にとっては邦と市町村の税源分離を実現することが重要課題になっていた。というのも邦税への市町村付加税も物税付加税は極めて少なく、所得税付加税が圧倒的な比重を占めていたからである。表1-1は、プロイセン邦の人口1万人以上の都市における市町村税収の推移を示しているが、1890年前後には所得税付加税が税収全体の約80％を占めていたことがわかる。逆に物税は13〜14％程度の比重しかなかった。実際にも1892／93年度の資料によれば、プロイセン邦内の人口1万人以上の計205の都市の中では、所得税には付加税率の差はあれ全都市が課税していたのに対して、物税付加税を課さない都市が地租で59都市、家屋税で55都市、営業税で147都市も存在していたのである[4]。市町村財政のこのような所得税付加税偏重は、所得税を邦の基幹税収としたい邦財政の立場とも対立していた。かくして市町村税収を物税に誘導しつつ、邦と市町村の税源分離を図ることが必要になってきた。

　そして1893年のプロイセン地方税法によって市町村税は次のように整備された[5]。第1に、従来邦税であった物税つまり地租・家屋税、営業税は市町村の独自税源とされた。市町村は一定の基準によって査定された納税基準額に対して、市町村ごとに独自の税率を賦課することが可能になった。これは、一方で

の邦には負担能力（Leistungsfähigkeit）に配慮した所得税を配置しつつ、他方で市町村には等価原則（Äquivalenzprinzip）ないし応益原則に対応した物税を配置する、という考え方を反映したものである。第2に、市町村は近代化された邦所得税に対して引き続き付加税を課することができる。しかし所得税付加税率は、市町村の物税税率と一定の方式でリンクされ、所得税付加税のみを増税することはできなくなった[6]。

このようにミーケルの改革は、邦と市町村について課税の応能原則と応益原則を使い分けつつ税源分離を図り、膨張する邦および市町村の財政需要に対応しうる邦税および市町村税体系を構築しようとしたのである。

(2) 市町村の所得税と物税

それではミーケルの改革によって市町村の税収構造はどのように変化したのであろうか。表1-1によれば、所得税付加税収入の比重は1891／92年度の81.2％から1895／96年度には50.3％、1899／1900年度には49.9％へと低下している。一方、物税収入の比重は1891／92年度の13.1％から1895／96年度の38.7％、1899／1900年度には36.4％へと上昇している。このように市町村税は従来のような所得税付加税に過度に依存した状態からは確かに脱却している。その意味では邦所得税への市町村からの圧力を緩和して、邦の基幹税収を確保するという目的はある程度は達成されたといえよう。しかしながら、改革後においても所得税付加税が市町村税収の5割前後を占めていること、また市町村財政における等価原則から重視された物税収入も市町村税収の4割前後の水準にとどまっているという事実も見逃せない[7]。

市町村財政において所得税付加税が相対的に大きな比重を占め続けた背景には次のようなことがあろう。第1に、所得税の課税ベースである所得は、収益、資本、資産価格など外形標準に基づく物税のそれよりも資本主義発展とともにより順調に成長しやすいことがある。加えて付加税の土台になる邦所得税には緩やかとはいえ累進税率が導入された効果もある。第2に、各市町村においてもその財政需要の拡大に応じて所得税付加税率が次第に引き上げられていった。

プロイセン邦内の人口5万人以上の主要55都市の付加税率平均の推移をみると、1895年134.7%、1900年137.9%、1905年158.1%、1910年179.2%というように上昇の一途であった[8]。第3に、市町村の行政需要、財政支出の中心が治安維持や街路整備など社会資本供給にある間は、物税（営業税、地租、家屋税）による商工業者、地主、家主の負担増加も等価原則によって合理化できるが、市町村の財政支出において教育、社会政策、保健衛生など対人サービスの比重が増加するとともに、物税よりも所得税による一般的負担が求めやすくなる[9]。

さらに、ミーケル改革後の市町村税において重大なことは、所得税および物税の付加税率において市町村間で相当な格差が生じていたことである。つまり伝統的な都市で旧来から金融・商工業の蓄積があり富裕階層が多く住むいわゆる「受益都市」（Vorzugsorte）では、課税ベースが豊かであると同時に財政需要の上昇テンポも緩やかであるため、低い付加税率でも財源調達が可能であった。逆に、工業労働者の流入が進む新興の「産業都市」（Industrieorte）では、住民も低所得階層が多くて課税ベースが小さいにもかかわらず、教育費などの財政需要の増加テンポが著しいため、付加税率は高くならざるをえなかったのである。

そこで表1-2は、プロイセン邦の受益都市としてベルリン、フランクフルト、ヴィースバーデンという3都市の、産業都市としてエッセン、ボッフム、レムシャイトという3都市の付加税率の水準と変化（1895年→1910年）を示している。所得税付加税率については、受益都市では100%前後という低い水準が維持されるか、上昇したフランクフルト市でも130%台である。これに対して、産業都市では1895年の150～180%という水準から1910年には200～250%という水準にさらに上昇している。また営業税、地租・家屋税の付加税率についても、受益都市では1895年の100%台前半から1910年には150%前後へとやや上昇がみられる程度なのに対して、産業都市では1895年の150～200%水準から1910年には300%前後へとさらに上昇している。このように受益都市と産業都市では所得税および物税の付加税率の顕著な格差が生じていたのである。市町村財政調整制度や補助金制度が十分に整備されていない当時の地方財政システ

表1-2　プロイセン邦の受益都市・産業都市の付加税率

(単位：％)

	人口 (万人)	所得税		営業税		地租・家屋税	
		1895年	1910年	1895年	1910年	1895年	1910年
受益都市							
ベルリン	210	96	100	144	150	144	163
フランクフルト	35	100	136	100	149	120	177
ヴィースバーデン	10	90	100	112	150	112	160
産業都市							
エッセン	23	150	200	200	372	200	272
ボッフム	13	158	212	154	292	154	276
レムシャイト	6	180	230	165	300	165	273

注）人口は1906年。
出所）Martini, *Die Einkommensteuerzuschläge in den grössern preussischen Städte in ihrer Entwicklung seit der Miquelschen Steuerreform*, Diss., Berlin 1912, S. 66-79、より作成。

ムにあっては、資本主義発展にともなう財政需要の膨張と地域経済格差拡大の中で、市町村における租税負担拡大は不均等な形で発現したのである[10]。

II　ワイマール期の市町村税

(1) ワイマール期の財政改革とライヒ、邦、市町村

　第2帝政期のドイツ財政においては中央政府たる帝国（ライヒ）の財政高権は限定的なものにとどまり、反対に各邦の財政高権は強く分立主義的な統治形態にあった。市町村財政はライヒとの関係はうすく、各邦政府の監督の下で邦所得税付加税や物税を財源に比較的自由な行財政を展開することが可能であった。ところが、第1次大戦の敗戦、ドイツ革命を経てドイツ帝国は崩壊しワイマール共和国が成立した。この共和国（ライヒ）政府にとっては、戦勝国への賠償問題、戦後経済復興、一連の社会化政策、福祉要求への対処などでライヒ財政の強化つまり財政・租税の中央集権化は不可避の課題として認識されることになった。この財政の中央集権化は、ライヒ財務大臣エルツベルガーの財政改革ともいわれる1920年・邦税法によって基本的に規定され、その後の大イン

表 1-3　租税収入の推移とライヒ・邦・市町村への配分

(単位：百万マルク、％)

	1913／14年度	1925／26年度	1913／14年度（％）			1925／26年度（％）		
			ライヒ	邦	市町村	ライヒ	邦	市町村
所得税	1,390	2,458	−	38.1	56.2	17.0	41.0	37.6
財産税	78	270	−	100	−	100	−	−
地租・家屋税	435	871	−	6.3	87.0	−	37.8	58.5
営業税	179	574	−	9.1	90.1	−	14.3	82.3
家賃税	−	1,258	−	−	−	−	52.0	43.7
売上税	−	1,403	−	−	−	71.5	12.6	15.1
土地取得税	104	167	30.1	17.9	47.8	0.7	9.5	84.5
交通税	45	384	96.7	−	3.3	83.3	5.2	11.2
消費・奢侈税	775	1,611	84.0	7.7	8.0	83.0	2.5	14.0
関税	640	590	100	−	−	100	−	−
総計	4,045	10,578	40.3	19.3	37.2	44.7	22.7	30.3

注）税収配分比にはハンザ都市を除いてあるので100％にならないものもある。総計にはその他税収も含む。

出所）*Einzelschriften zur Statistik des Deutschen Reichs Nr. 16 (Der Finanzausgleich im Deutschen Reich)*, Berlin 1930, S. 32、より作成。

フレーションや財政需要の変動にともなう1923年・財政調整法、1924年・第3次租税緊急令等によって制度が整えられていった。そしてワイマール期の財政・租税の中央集権化の中でドイツの市町村税も重大な変貌を遂げることになる。そこで表1-3を参照しながら、第1次大戦の前後におけるライヒ、邦、市町村の租税構造とその変化の特徴を整理しておこう[11]。

まず第1に指摘すべきは、第1次大戦前には各邦国財政の基幹税収であり、また付加税形態によって市町村の基幹税収でもあった所得税が、ライヒと邦の共通税となり、邦は一定率の配分（1925年以降75％）を受けるにすぎなくなったことである。また所得税は各邦には徴税額に基づいて配分されるために所得税による邦間の財政力格差調整は行われていない。さらに邦は財政調整法（第33条）の規定により、その所得税の邦内市町村への再分与が義務づけられていたが、その分与方式は各邦の独自性に任された。この結果を表1-3によって所得税収配分の比重で確認してみると、ライヒは1913／14年度には0％であったが1925／26年度には17.0％となり、邦は38.1％から41.0％へ約3ポイント上

表1-4 各邦における所得税の邦・市町村配分

(単位:%)

	1913年度		1927年度	
	邦	市町村	邦	市町村
プロイセン邦	36.2	63.8	55	45
バイエルン邦	44.0	56.0	59	41
ザクセン邦	45.0	55.0	47	53
ヴュルテンブルク邦	67.4	32.6	66.7	33.3
バーデン邦	54.6	45.4	65	35
チューリンゲン邦	43.6	56.4	55	45
ヘッセン邦	45.0	55.0	65	35

注) 1927年度には法人所得税も含む。
出所) Murelt, Kommunalsteuern und Finanzausgleich (Reichsfinanzreform), in *Handwörterbuch der Kommunalwissenschaft, Ergänzungsband II*, 1927, S. 1508.

昇し、市町村は56.2%から37.6%へと20ポイント近くも低下していることがわかる。このことは、所得税にライヒが参入してくることによる税収損失を、邦は市町村に転嫁したことを物語っている。というのも邦は配分された所得税の邦・市町村の配分比率を任意に決定できたからである。表1-4は主要邦における1913年度の所得税収実績比率と1925年度の所得税収での邦・市町村の法定配分比率を比較したものである。主要邦すべてにおいて所得税収における市町村の比重が低下しているのである。

第2に、ワイマール期新たに登場した租税としてライヒ売上税と邦家賃税がある。1925/26年度で売上税14.0億マルク、家賃税12.5億マルクであり、両税の合計は所得税の24.5億マルクを上回っている(表1-3参照)。売上税は第1次大戦中にライヒ戦時財源として登場した大型間接税であるが、戦後はライヒ分与税として邦・市町村にも分与されることになった。1926年以降の配分比はライヒ70、邦(地方)30であるが、その邦配分額の1/3は徴税額、2/3は人口数に応じてなされたので、所得税に比べると邦間の財政力格差の調整作用があった。一方、邦から市町村への再配分方法は各邦の自由に任された。ちなみにプロイセン邦では、都市規模が大きくなるほど人口割増し(最大250%)計算した市町村の人口と、市町村人口に占める生徒数割合を基準に配分された。

大都市特有の財政需要や労働者の多い貧困な工業市町村の財政需要をある程度配慮した配分方式であった。

　他方、1924年に邦税として登場した家賃税は、もともとインフレーションによる家主層の膨大な債務者利得を公共財政に吸収する意図があった。それは戦後深刻な住宅難に対処するための住宅財源として位置づけられたが、その一方で財政難ゆえの一般財源としても利用されることになった。ハンザ都市を除くと1925／26年度の家賃税収入は12.0億マルクで、そのうち住宅目的財源5.4億マルクに対して一般財源は5.6億マルクであった。邦・市町村の財政運営にとってはとりわけ一般財源用家賃税収入が重要であるが、そこでは邦66％、市町村34％と、邦財源が優先されていた。邦から市町村への配分方式は所得税、売上税と同様に各邦の自由であったが、例えばプロイセン邦では市町村配分のうち30％が徴税実績額、70％が人口に占める小額年金生活者数の割合に応じて配分された。これは租税力の弱い貧困小規模市町村に配慮した配分と言えるが、他面では邦内の家賃税収の大半を徴収するベルリンなど大都市には不利な配分方法であった[12]。

　第3に、従来は市町村の独自税源とされてきた物税に邦の参与が強まったことである。

　前節でみたように、地租・家屋税、営業税に代表される物税は第1次大戦前までは主要には市町村の財源として利用されていた。それは等価原則の反映、つまり市町村の行政サービスの内容が当該地域の営業や土地・家屋に利益をもたらし、物税はその対価として認識されていたからであった。ところが1920年の邦税法により地租・家屋税、営業税の課税権は邦のものとなった。プロイセン邦のように営業税課税権を市町村に委ねるところもあったが、基本的には市町村は両税へ付加税を課すのみで、物税への邦参与は必然的に拡大することになった。先の表1－3によれば邦参与の比重は営業税で9.1％から14.1％へ、地租・家屋税では6.3％から37.8％へと拡大しているのである。それだけ地租・家屋税、営業税における市町村の立場は悪化することになった。

　さてこのような結果、租税収入全体に占める各級政府の比重は、ライヒは

1913／14年度の40.3％から1925／26年度の44.7％へと4ポイント強上昇し、邦も19.3％から22.7％へと3ポイント強上昇しているのに対して、市町村のみが37.2％から30.3％へと7ポイントも低下しているのである。ワイマール期の市町村は福祉経費を中心として義務的強制的な財政需要の膨張に対応することになるが、それを支える租税収入において市町村は地位を低下させてしまった。そして注意すべきは市町村は租税収入という量的な側面で後退しただけではなく、市町村税における自治的自律的要素という質的な側面においても後退を余儀なくされたことである。そこで次にワイマール期の市町村税に焦点を当ててその構造と変化について検討してみよう。

(2) ワイマール期市町村税の構造と変化

　まず表1-5によって市町村税収を1913／14年度と1925／26年度で比較してみよう。市町村税収総額は15.1億マルクから31.7億マルクへと2.1倍に増加しているが、問題は市町村税の構成である。所得税は52.0％から28.9％へとその構成比を著しく低下させた。また地租・家屋税も25.2％から15.9％へと約9ポイント低下した。反対に、営業税は10.8％から14.8％へと4ポイントの上昇である。一方、新たに登場した租税である家賃税は17.2％、売上税は6.6％の構成比を占めていた。またいわゆる雑種税（飲料税、娯楽税、犬税）も合計で4.1％から6.7％へと3ポイント強上昇していることも見逃せない。

　さてこのような市町村税の構造変化が意味することは重大である。というのもワイマール期の市町村税が置かれた状況ないし問題として次のようなことが指摘できるからである。一つには、市町村にとってのいわゆる可動的収入の割合が大きく減少したことである。戦前期には約9割を占めた所得税および物税は市町村の自律的運用の余地が大きい税収であり、とくに所得税は邦所得税への付加税率の操作によって財政需要に弾力的に対応できる税収であった。これに対して、ワイマール期には多くの租税が上位団体からの配分税収に転化してしまった。所得税および売上税がライヒ分与税となったのを筆頭に、家賃税は邦税からの配分、土地取得税（4.4％）および自動車税（1.1％）はライヒ譲与

表1-5　市町村の租税収入

	1913/14年度		1925/26年度		増加(倍)
	百万マルク	%	百万マルク	%	
所得税	781	52.0	924	28.9	1.2
地租・家屋税	378	25.2	510	15.9	1.4
営業税	161	10.8	472	14.8	2.9
家賃税	—	—	550	17.2	—
売上税	—	—	211	6.6	—
土地取得税	50	3.3	141	4.4	2.8
土地増価税	21	1.4	25	0.8	1.2
自動車税	—	—	36	1.1	—
飲料税	28	1.9	80	2.5	2.8
娯楽税	16	1.1	78	2.4	4.9
犬税	16	1.1	56	1.8	3.5
合計	1,512	100.0	3,177	100.0	2.1

注）合計にはその他税収も含む。
出所）*Einzelschriften zur Statistik des Deutschen Reichs Nr. 17 (Der Finanzausgleich im Deutschen Reich Teil II)*, Berlin 1931, S. 89-90、より作成。

税である。これら上位団体への依存税収は、税収全体の58％にも達する。それだけ市町村の租税収入決定における自律性が損なわれることになったわけである。

　いま一つは、当然のことながら、市町村は財政需要を満たすために、残された可動的税収たる物税や雑種税の活用を強化した。物税の構成比は地租・営業税合わせて戦前の36.0％から戦後の30.7％へと減少したものの、総額では5.4億マルクから9.8億マルクへと約倍増しており、実質的には相当な課税強化になっているのである。従来多くの邦で市町村の独自税収であった物税は、第1次大戦後に邦税化されるという不利な状況にあったが、市町村は付加税化してもそこに財源を見出さざるをえなかったのである。「ここには、市町村が財政的困窮ゆえに物税を本質的に自らにまだ残された可動的要素として一般的財政需要の財源に動員せねばならなかったことが示されている」[13]、という当時のドイツ都市会議会長ムーレルトの評価もうなずけよう。また雑種税は本来収入面では前面にでてくる税目ではなかったが、ワイマール期には市町村に残された数少ない自律税源となったため課税強化が行われた。それは、市町村税収全

体が2.1倍の伸びにとどまっていたのに対して、飲料税2.8倍、娯楽税4.9倍、犬税3.5倍という数字に如実に示されている[14]。

以上みてきたようにワイマール期の市町村財政運営をめぐっては、一方で上位政府への従属性が強まり、他方では残された自律的租税を酷使するという方向に進んだ。こうした過程はワイマール期の地方自治や地方財政にとっては新たな問題を含むものであった。というのも物税が過度に利用されるようになったのは、財政的制約によることはもちろんであるが、市町村議会の構成変化によるところも大きいからである。つまり、かつての第1次大戦前における三級選挙制度下の市町村議会では営業者、地主・家主など財産所有者の政治的影響力が強く、自らへの負担になる営業税、地租・家屋税の増税を避けていた。しかし、ワイマール民主主義の下で市町村議会にも普通選挙制度が導入されると、社会民主党を中心に労働者や下層市民大衆の政治的影響力が強くなる。彼らは必要な財政資金を有産者への物税増徴によって獲得しようとしたのである。なお地租・家屋税の増税は家賃に転嫁され、労働者・借家人の負担に帰する可能性があり、営業税の方がより利用されることになったようである[15]。先の表1－5でも、第1次大戦をはさんで営業税は2.9倍になっているが、地租は1.4倍にとどまっている。

だが、こうした物税とくに営業税の酷使への傾向は地方自治における負担と責任という観点から問題視もされることになった。同時代のある論者は次のように言う。「少数派によって負担される租税を、人気のある社会政策行政のための唯一の資金源としてもくろむこのようなやり方に対する憂慮がしばしば表明されてきた。……物税の耐えきれないほどの酷使は、市町村財政運営における誤ったバランス配分によるものであり、これは納税義務のない市町村議会の多数派の自己責任を強めるのではなく、マヒさせてしまった」[16]、と。さらに営業税の課税強化も全国一律になされたわけではない。当然ながら各市町村の財政事情に応じて付加税率が調整された結果、市町村によって営業税負担の相当な格差が生じることになった。そこで次にワイマール期の市町村税問題の焦点の一つになった営業税の実態と負担問題について考えてみよう。

III ワイマール期の営業税と負担問題

(1) 営業税負担の都市間格差

ワイマール期の市町村財政にとって物税とりわけ営業税は、その付加税率操作によって収入規模に影響を行使できる唯一の租税手段であった。各市町村はそれぞれの財政需要とその他の収入状況（分与税収、公営企業収益など）に応じて営業税収を活用しようとした。そして結果的には、企業の負担する物税ないし営業税額は立地する市町村によって相当な格差が生じることになった。ただ、ワイマール期に邦税化された営業税の課税方法は各邦によって異なっている。プロイセン邦では、共通の課税標準として営業収益がおかれるとともに、営業資本額ないし支払賃金額という外形標準のうちどちらかを各市町村が選択するものとした。そしてプロイセン邦内では市町村間の付加税率のちがいによって営業税負担にはかなりの格差があった。逆に、バイエルン邦では物税は邦全体でほぼ統一した方式で課税されたため、市町村での付加税率操作の余地はわずかしかなかった。バーデン邦、ヴュルテンベルク邦、ザクセン邦、チューリンゲン邦では、バイエルン邦に比べれば営業税負担の市町村格差はあったが、相対的にわずかなものであったという[17]。

しかしドイツ国内全体としてみれば企業にとっての物税ないし営業税負担の市町村格差は無視できないほどであった。表1-6はライヒ統計局が試算したものであるが、1926年時点であるモデル企業（自己資本802万マルク、雇用労働者1200人、支払賃金額24万マルク、課税前純収益210万マルク）が立地した場合の当該市町村（10都市）ごとの租税負担および収益率を示している[18]。租税負担総額をみると最も低いブレーメン市では56.7万マルクだが、最も高いロストック市では90.9万マルクになりブレーメン市より6割程度も高くなる。租税負担率ではブレーメン市の27.0％に対してロストック市では43.3％にもなる。また課税後の資本収益率では、ブレーメン市の19.1％に対してロストック市の

表1-6 企業租税負担の都市間格差(1926年)

(単位:千マルク)

都市	物税	財産税・産業負担	法人税	租税総額	課税後利潤	租税負担率(%)	資本収益率(%)
ブレーメン	51	125	390	567	1,533	27.0	19.1
ハンブルク	171	125	366	663	1,437	31.6	17.9
ハノーファー	195	125	361	682	1,418	32.5	17.7
ドレスデン	217	125	357	700	1,400	33.3	17.4
ベルリン	244	125	352	721	1,379	34.3	17.2
ケルン	317	125	337	779	1,320	37.1	16.5
ボッフム	355	125	329	810	1,290	38.6	16.1
オーバーハオゼン	373	125	326	824	1,276	39.3	15.9
デュイスブルク	373	125	326	824	1,275	39.3	15.9
ロストック	479	125	305	909	1,191	43.3	14.8

出所) U. Braun, *Die Besteuerung der Unternehmen in der Weimarer Republik von 1923 bis 1933*, Köln 1988, S. 133.

14.8%であり、同一企業でも約4ポイントの差が生じている。そしてこの租税負担率および資本収益率の格差を生んでいる大きな原因が物税負担水準のちがいである。物税負担はブレーメン市の5.1万マルクに対して、ロストック市では47.9万マルクにも達するからである。なお営業税をはじめ物税負担は経営コストに算入されて法人税の課税ベースを縮小する。そのため法人税負担ではブレーメン市の39.0万マルクに対して、ロストック市は30.5万マルクで物税とは逆に8.5万マルクも低いが、物税負担に比べると法人税負担の軽減額は相当に小さい。

同程度の企業でも市町村によって営業税負担の格差が生じる一つの要因は、当該市町村が選択する外形標準が営業資本か支払賃金額かのちがいがあり、いま一つのより大きな要因は営業税付加税率のちがいがある。まず外形標準のちがいについて考えてみよう。表1-7は同じく1926年時点で労働集約型企業(自己資本100万マルク、雇用労働者450人、支払賃金額85万マルク、純収益29万マルク)と資本集約型企業(自己資本100万マルク、雇用労働者150人、支払賃金額30万マルク、純収益29万マルク)が、プロイセン邦内のキール市(賃金額に課税)とケルン市(営業資本に課税)に立地した場合の物税負担額を示し

表 1-7　企業形態による物税負担の格差（1926年）

(単位：マルク)

	キール市		ケルン市	
	労働集約型企業	資本集約型企業	労働集約型企業	資本集約型企業
地租・家賃税	5,625	5,625	5,625	5,625
賃金額税	16,000	5,760	0	0
営業資本税	0	0	10,174	10,174
営業収益税	29,685	30,335	31,783	31,389
物税総計	51,310	41,720	47,582	47,188

出所）Braun, a. a. O., S. 144.

ている。労働集約型企業の場合は、賃金額税のあるキール市では5.1万マルクであり、同税のないケルン市の4.7万マルクより高い。一方、資本集約型企業では営業資本税のあるケルン市では4.7万マルクであり、同税のないキール市の4.1万マルクより高い。個々の市町村はそれぞれの地域経済の特徴を考慮して、できるだけ多額の営業税収があがるような課税ベースを選択するのは当然である。その結果、同一水準の企業であっても営業税負担の市町村格差が生じ、また同じ市町村内の同程度の企業であっても企業タイプによって営業税負担の格差が生じるのである。

　しかし営業税負担の市町村格差の最も大きな原因は、市町村付加税率の格差によるものと言ってよいであろう。表1-8は1930年度におけるプロイセン邦内の人口5万人以上の都市での営業収益税および賃金額税の付加税率の分布状況を示している。営業収益税では大都市（31市）、中都市（27市）ともに600％前後にピークがあるが、350％から750％にわたってかなり分散している。一方、賃金額税では大都市（20市）、中都市（17市）ともにピークはなく、800％から3000％以上にまで広範囲に分散していることがわかる。つまり立地する都市によっては、営業収益税では最大で2倍程度の、賃金額税では最大で3倍程度の格差が生じるわけである。さらに注目すべきは、工業都市が集中するルール地域の都市の付加税率が、営業収益税で550％以上、賃金額税で2000％以上という高い層に偏っていることである。つまりワイマール期の営業税負担の重圧は

表1-8 プロイセン邦内・都市の営業税付加税率（1930年度）

【営業収益税】

	都市数	351～450%	451～550%	551～650%	651～750%	751%～
大都市	31	3	10	13	3	2
うちルール地域	7	—	—	3	2	2
中都市	27	4	2	8	6	3
うちルール地域	7	—	—	1	4	2

【賃金額税】

	都市数	801～1200%	1201～1600%	1601～2000%	2001～2400%	2401～3000%	3001%～
大都市	20	5	4	2	3	3	3
うちルール地域	7	—	—	—	1	3	3
中都市	17	2	2	4	2	2	5
うちルール地域	7	—	—	—	—	2	5

注) 大都市は人口10万人以上、中都市は人口5～10万人。
出所) O. Most, *Die Finanzlage der Ruhrgebietsstädte*, Jena 1932, S. 86-87.

ルール地域の工業都市においてこそ、最も顕著に現われていたのである。そこで次にルール地域の工業都市の市町村財政および営業税の実態に焦点をあててみよう。

(2) ルール工業都市の営業税負担

表1-9は1925年度におけるルール地域の14都市（人口5万人以上）合計の市町村税収構成を示している。同表によれば営業税が33.0%、地租・家屋税が16.3%で、物税合計で49.3%を占めている。先の表1-5によれば1925／26年度のドイツ市町村全体の市町村税収の構成比では、営業税14.8%、地租・家屋税15.9%であった。また比較的人口規模の大きいドイツ都市会議の構成員都市平均の市町村税収の構成比でも営業税23.2%、地租・家屋税16.7%であった[19]。これらの数値と比較してもルール地域の工業都市の営業税依存率はかなり高かったことがわかる。その上、ルール地域の14都市の市町村税収に占める営業税の構成比は1926年度37.1%、1927年度36.7%、1928年度38.2%、1929年度39.4

表1-9 ルール地域の14都市（人口5万人以上）
の市町村税収（1925年度）

	万マルク	%
所得税	4,035	28.3
売上税	957	6.7
家賃税	617	4.3
分与税合計	5,609	39.3
営業税	4,703	33.0
地租・家屋税	2,320	16.3
物税合計	7,023	49.3
ビール税・飲料税	448	3.1
娯楽税	337	2.3
犬税	216	1.5
市町村税合計	14,249	100.0

出所）Most, a. a. O., Tabelle 2.より作成。

％、1930年度39.1％と一層上昇していったのである[20]。

　それではルール地域の工業都市では何故に営業税負担が顕著に高くなっていたのであろうか。ここではその要因としてさしあたり次の三点を指摘しておきたい。第1に、ルール地域の工業都市の多くは、19世紀後半以降に急速に成長した新興産業都市であり、人口に占める労働者階級の割合も高いという構造的特徴が1920年代においても続いていることである。いわゆる伝統的都市に比べるとルール地域の工業都市は元来、一方で教育、衛生など財政需要の伸びが大きいのに、他方では富裕者層が少なく、不動産価格や所得水準が低いために、課税ベースが小さい。従って、必要な財源確保のために税率ないし付加税率が傾向的に高くなってしまう。また労働集約型企業の多いルール地域の全都市では、営業税の外形標準として当然ながら支払賃金額が選択されていた。これらの点をルール工業都市の一つであるボッフム市と、ルール地域からやや離れた伝統的都市であるミュンスター市の比較から検証してみよう。表1-10は両市の第1次大戦前後の付加税率を比較したものであるが、1913年時点でもボッフム市の所得税、営業税の付加税率はミュンスター市のそれをかなり上回っていたこと、さらに1920年代後半においてもボッフム市の営業収益税、地租・家屋

表1-10 ボッフム市とミュンスター市の付加税率

(単位:％)

	営業税		所得税	
	ボッフム市	ミュンスター市	ボッフム市	ミュンスター市
1913年	320	185	210	165
	営業収益税		地租・家屋税	
	ボッフム市	ミュンスター市	ボッフム市	ミュンスター市
1925年	600	300	300	200
1928年	600	300	300	200

注) 1928年でのボッフム市の賃金額税付加税率は2500％、ミュンスター市の営業資本税付加税率は1500％であった。
出所) Zeppenfeld, *Handlungsspielräume städtischer Finanzpolitik; Staatliche Vorgaben und kommunales Interesse in Bochum und Münster 1913-1935*, Essen 1998, S. 155, 184.

税の付加税率はミュンスター市のそれの2倍ないし1.5倍もあることがわかる。そして表1-11は、両市の営業税と地租・家屋税収入の推移を示している。ボッフム市では1913年には営業税収入と地租・家屋税収入がほぼ同水準であったが、1920年代後半には営業税が地租・家屋税の2倍前後に拡大している。一方、ミュンスター市では従来から高い不動産価格を反映して地租・家屋税収入の比重が高かったが、1920年代後半でも営業税は地租・家屋税をやや上回る程度である。つまり工業都市であるボッフム市においては、所得税付加税喪失後の1920年代においての市財源調達はもっぱら営業税収入に依存して実施されたのである[21]。

　第2に、ワイマール期には福祉・失業給付などを中心に市町村にとって義務的財政支出が拡大していった。労働者人口の多いルール地域の工業都市ではとくにその傾向が強い。第1次大戦前ならばこれらの支出増は主要には所得税付加税によって調達されていたであろうが、ワイマール期にはライヒ・邦からの分与税（所得税、売上税、家賃税）に依存せざるをえない。ところがこの分与税収入が市町村財政需要に比べると十分に増加しなかったのである。いま表1-12でルール地域・14都市の福祉・失業給付需要額と分与税収入の推移をみてみよう。経済不況が深刻化する1920年代末にかけて福祉・失業給付需要額は拡

表1-11 ボッフム市とミュンスター市の営業税、
地租・家屋税収入

(単位：万マルク)

	ボッフム市		ミュンスター市	
	営業税	地租・家屋税	営業税	地租・家屋税
1913年	88	87	24	66
1925年	413	253	178	163
1928年	733	315	180	151

出所) Zeppenfeld, a. a. O., S. 178.

表1-12 ルール地域・14都市の福祉・失業給付需要と分与税収入

(単位：万マルク)

年度	1925	1926	1927	1928	1929	1930	1931
福祉・失業給付（A）	3,898	5,961	5,376	7,249	8,976	11,875	15,801
分与税（B）	5,609	6,962	7,354	8,708	9,320	8,240	5,842
B／A	144%	117%	137%	120%	104%	69%	37%

出所) Most, a. a. O., Tabelle 1, 2 より作成。

大傾向にあるのに、分与税収入は1929年をピークに減少している。後者の前者に対する割合も1925年度には144％あったが、1930年度には69％、1931年度には37％にまで低下してしまった。このように市町村財政需要が膨張するにもかかわらずライヒ・邦からの分与税収入が十分に保障されない中では、ルール地域の工業都市は残された道として営業税増税に走らざるをえなかったのである[22]。

　第3に、ルール地域の工業都市ではプロイセン邦のその他の都市に比べると、市町村歳入に占める公営企業純収益や公有財産収入の比重が小さかった。1930年度の人口10万人以上の大都市で比較すると、ルール地域の大都市の合計で公営企業・公有財産収入は2520万マルクであり、租税収入2億2010万マルクの9分の1にすぎない。一方、プロイセン邦のその他地域の大都市合計では公営企業・公有財産は1億5890万マルクで、租税収入5億8700万マルクの4分の1にも達していた。市民1人当たりの公営企業・公有財産収入額でもルール地域の大都市では9.94マルクであるのに、プロイセン邦のその他の大都市では25.19

マルクもあった[23]。ドイツの都市は伝統的に都市社会主義の志向が強く、19世紀以降都市自治体は積極的に公営企業・公有財産の拡大に取り組み、都市自治体の収入源としても活用してきた。自律的な市町村税収への制約が強まったワイマール期には、諸都市のそうした志向はさらに強化されていった[24]。そうした中で新興のルール工業都市では、従来から民間の企業活動志向が優位に立ち、都市社会主義の志向は弱く、都市自治体の公営企業や公有財産の整備・蓄積が遅れていた。結果的にワイマール期でもルール地域の工業都市では、公営企業・公有財産収入を自治体財源として他都市ほどには活用できず、それだけ営業税収入に依存する度合いも高くなったのである[25]。

もちろんルール地域の工業都市におけるこのような営業税負担の拡大は、当該地域の経済界や企業にとっては重大問題であった。例えばボッフム市の1925年度予算審議に関連して、同市の商業会議所は、税率が「耐えられない負担」であり、市当局によって「租税的観点が最大限に配慮される」ように要求していた[26]。市町村のほぼ唯一の可動的税源としての営業税を酷使することは、負担する企業・経済界の能力という限界に直面せざるをえないのである。そしてこの営業税の過重負担の矛盾は、大恐慌を経た1930年代の深刻な不況期に顕在化し、ドイツ市町村税は公民税導入という新たな展開を迎えることになるのである。

IV　大恐慌以降の市町村財政と公民税

(1)　大恐慌以降の市町村財政

1929年末の大恐慌をきっかけにドイツ経済は1930年から1933年にかけて深刻な不況に陥り、またライヒ・邦・市町村の財政危機も深化した。経済界は従来から市町村の物税とくに営業税の過重負担に対して批判していたが、長期不況の中で経済界からの物税軽減要求はさらに強まり、景気回復を重視するライヒ政府にとっても無視できないものになっていた。財政政策としてライヒ政府は

1930年から1932年にかけて11度のライヒ大統領緊急令を発布するが、市町村の物税軽減と新たな収入源開拓として次のような対策をとった。

まず1930年7月26日付の大統領緊急令によって、第1に、市町村は新たに市町村ビール税（Gemeindebiersteuer）と公民税（Bürgersteuer）についてその双方もしくはいずれかを導入しうること、第2に、1930年度予算において地租もしくは営業税の税率を1930年8月1日水準よりも高くする市町村は、市町村ビール税もしくは公民税の導入が義務づけられること、第3に、市町村予算において福祉負担が異常に重い場合には邦議会の同意の下に市町村ビール税の他に市町村飲料税（Gemeindegetränkesteuer）を導入できること、が決定された。

さらに1930年12月1日付の大統領緊急令では、第1に、市町村が物税課税においてその税率が邦平均を上回っている場合などには市町村ビール税並びに公民税の導入が義務づけられること、第2に、市町村物税（地租と営業税）は1931年4月1日以降には、1930年12月31日付の税率よりも高くできないこと、第3に、物税税率が邦平均を上回る市町村はその税率を1930年12月31日水準よりも地租で10％、営業税で20％引き下げること、が決定された[27]。

このようにライヒ政府は深刻な経済不況という緊急事態の中で、市町村の物税増税を回避することを第一義的な課題にかかげ、そのための手段ないし代替税源として市町村に公民税や市町村ビール税、市町村飲料税を認めることにしたのである。

それではこのようなライヒ政府の強制的な租税政策の下で市町村財政はどのように変化したのであろうか。表1-13によって1930年代の市町村税収の推移をみてみよう。まず第1に、ライヒからの分与税収入は1929／30年度の15億9500万マルクから1932／33年度には7億7200万マルクへと急速に減少した。とくに経済不況の影響を受け易い所得税・法人税の分与税収入は1929／30年度の12億500万マルクから1932／33年度の4億400万マルクへと3分の1に低下した。第2に、市町村の物税収入の中でもとりわけ営業税の減収が顕著である。地租・家屋税はほぼ9億マルク水準を維持していたのに対して、営業税は1929／

表1-13 市町村税収の推移

(単位:百万マルク)

年　度	1925/26	1929/30	1930/31	1931/32	1932/33
ライヒ税分与	1,245	1,595	1,427	1,009	772
所得税・法人税	924	1,205	1,025	670	404
売上税	211	151	145	119	185
邦・市町村税	1,958	2,749	2,877	2,649	2,173
地租・家屋税	510	827	927	911	895
営業税	472	813	821	627	468
家賃税	549	781	716	515	292
公民税	-	-	65	198	209
市町村ビール税	80	84	103	185	131
市町村飲料税	-	-	6	26	24
市町村税収合計	3,204	4,390	4,333	3,676	2,957

出所) Einzelschriften zur Statistik des Deutschen Reichs Nr. 32 (Die Gemenidefinanzen in der Wirtschftskrise), Berlin 1936, S. 12.

30年度の8億2100万マルクから1932/33年度の4億6800万マルクへと約3.5億マルクも減少したのである。第3に、市町村の新たな税収としては、公民税が1930/31年度の6500万マルクから1931/32年度、1932/33年度には約2億マルクへと増加している。そして1932/33年度で公民税は市町村税収の8.0%を占めていた。また、1932/33年度で市町村ビール税も1億3100万マルク、市町村飲料税は2400万マルクであった。このようにみると物税といってももっぱら営業税が負担軽減の対象とされ、それによる減収は市町村新税の中でもとりわけ公民税によって担われたことがわかる。

　この点を先に取り上げたボッフム市のケースでさらに確認してみよう。表1-14は1929年度以降のボッフム市の営業税、地租、公民税の税収と付加税率の推移を示している。まず第1に営業税についてみると、その付加税率は1931年度以降には大統領緊急令どおりに20%低下している。つまり営業収益税は700%から560%に、賃金額税は2800%から2240%に低下している。そして営業税収は1930年度の1154万マルクをピークにその後大きく減少し、1932、33年度には300万マルク水準にまで低下した。第2に、地租の付加税率は375%で不変であり、地租収入もピークの1930年度の647万マルクから1933年度には460万マル

表1-14 ボッフム市の市町村税収入と付加税率

(単位：万マルク)

年度	営業税	地租	公民税	付加税率			
				営業収益税	賃金額税	地　租	公民税
1929	683	321	—	700%	2825%	375%	—
1930	1,154	647	55	700	2800	375	100%
1931	578	537	103	560	2240	375	200
1932	344	542	159	560	2240	375	350
1933	362	460	187	560	2240	375	500
1934	473	499	199	560	2240	375	500
1935	589	502	203	560	2240	375	500

出所）Zeppenfeld, a. a. O., S. 184, 191-195.

クにまで低下するが、営業税に比べるとその落ち込みはかなり小さい。第3に、公民税の付加税率は1930年度には100％であったが、その後毎年引き上げられ1933年度以降は500％になっている。公民税収入も当初の55万マルクから1933年度以降には200万マルク前後にまで増加している。このようにボッフム市のケースからも、1930年代前半においては営業税の減税および減収が顕著であり、その代替税源として公民税が少なからぬ役割を果たしていたことがわかる。それではこの公民税とはいかなる構造と特徴をもつ租税であったのであろうか。次にこの点について考えてみよう。

(2) 公民税の構造と特徴

1930年7月の大統領緊急令によって市町村に導入されることになった公民税とは、当該市町村に居住する20歳以上のすべての公民（Bürger）に課税されるものである。その課税方法は、まず表1-15のように所得階層ごとに法定最低税額が定められる。そして各市町村はこの最低税額に独自の付加税を課することになる。1931／32年度においては市町村付加税率の中心は300～400％水準にあり、最高で600％であった[28]。さて表1-16は、市町村の付加税率を400％に仮定した場合の所得に対する公民税の負担率を示している。全体としては所得水準に関わらず負担率は1.0～2.5％の範囲にある。ただ、同一所得階層内で

表1-15 公民税の最低税額

所得区分 (千マルク)	税額（マルク）	
	1930年度	1931年度
0-4.5	6	6
4.5-6	6	9
6-8	6	12
8-12	12	18
12-16	12	24
16-20	12	30
20-25	12	50
25-50	50	75
50-75	100	150
75-100	100	300
100-200	200	500
200-250	500	500
250-500	500	1,000
500-	1,000	2,000

出所）Braun, a. a. O., S. 171.

表1-16 公民税の負担額と負担率
（市町村付加税率400％、1931年度）

所得区分 (千マルク)	公民税額 (マルク)	負担率 (％)
50-75	750	1.5-10
75-100	1,500	2.0-1.5
100-250	2,500	2.5-1.0
250-500	5,000	2.0-1.0
500-	10,000	2.0-

出所）Braun, a. a. O., S. 172.

は同じ負担額のため、所得水準が高くなるほど負担率が低下すること、とくに50万マルク以上の最高所得層では2.0％を上限に負担率は逓減していくことになる。その意味では公民税とは、一面では確かに全住民が同一額を負担するわけではないので、粗野な人頭税ということにはならない。しかし他面ではそれは、所得税と同じく所得を課税ベースとしつつも、一部に逆進的要素が残り、何よりも最高所得階層では負担軽減になるなど、当時の所得税に比べても住民の負担能力に配慮した公平な租税とはいえないものであった。

このように公民税は、近代的ないし現代的な所得課税としては問題が多かった。しかし逆に言えば、ライヒ政府からすれば、このような特徴をもつ公民税だからこそ、市町村のすべての住民が市町村課税に引き込まれて自治体への責任意識を強め、ひいては市町村歳出の節約にも資することが期待されていたのである[29]。そしてこれは結果的に、営業税による企業負担を削減しつつ、市町村税の中心を企業負担から低所得層も含めた全住民の負担へとシフトさせることになる。

市町村の側からすれば、一方で物税の制限とくに営業税の減税をライヒ政府

によって強制されていること、他方では一定の公民税徴収がライヒ・邦からの財政援助給付の条件にされたこともあって[30]、公民税の賦課徴収と増税に頼らざるえなくなっていた。例えば、ボッフム市でも1931年度の予算審議において公民税をめぐるあつれきが発生したが、これは市当局が公民税を「市の収支欠損の部分的穴埋めのための唯一の可動的要素」として活用せざるをえなかったからである[31]。

　なおナチス体制下で1937年11月20日に公民税法が制定された。ここでの公民税とは、①課税対象は18歳以上のすべての住民、②課税標準は所得もしくは財産とする、③所得および財産評価額の階層区分に応じて累進的に租税基準額が設定される、④市町村はこの租税基準額に独自に税率を乗じる、⑤一定の要件によって免税、軽減措置、控除等が認められる、というものであった。この公民税は1937年度においては市町村税収の10％程度であり、物税に代わって市町村税収の新たな中心となることもなく1942年には廃止されてしまった[32]。

おわりに

　以上、19世紀末から1930年代までのドイツの市町村税の構造的な推移と問題点を検討してきた。われわれはこの検討を経てさしあたり次の4つの点を最後に確認できよう。第1に、ドイツの市町村税はライヒ・邦・市町村という政府財政関係の中で、基本的には収益税・物税の自治的活用を基盤にするものとされてきたが、現実には付加税ないし分与税という形であれ所得税による補完も財政的には不可欠であったことである。第2に、ドイツ市町村の収益税・物税とくに営業税においてはライヒ・邦からの制約も加えられることもあったとはいえ、市町村の税率操作の余地が大きく、ある意味で市町村の租税自治が発揮されえていたことである。第3に、市町村の租税自治はもっぱら営業税において発現されたが、これは負担する企業・経済界の側からすれば、市町村行財政での等価原則・応益原則の妥当性への疑問、経済不況下での過重な負担感、営業税負担の市町村格差による企業立地選択への影響など、重大な問題を含むも

のであった。第4に、市町村の租税体系をいかに形成すべきか、換言すれば市町村において収益税・物税、所得税さらには消費課税をいかに位置付けるかは、単に市町村税収という観点だけではなく、市町村における民主主義的自治ならびに合理的な行財政運営を保障する観点からも議論されざるをえないことであった。そしてこれらのドイツ市町村税をめぐる状況と課題は、実は第2次大戦後から現在までも引き継がれていくのである。

注
1) プロイセン邦では後述のように1891年より邦税としての近代的所得税が導入され、それ以降の市町村税収は可動的な所得税付加税と物税（収益税）収入が主体になった。これに対して、例えばバイエルン邦では邦税は相変わらず収益税主体であり（所得税導入は1910年）、市町村税収は可動性の小さい収益税付加税が中心で、多くの消費課税で補完していた。逆にザクセン邦では、1873年の都市・農村市町村条例によって、すでに市町村は租税徴収における広範な自治権を認められ、市町村独自の所得税と地租によって財源調達していた（Karl-Heinrich Hansmeyer, Die Entwicklung des kommunalen Einnahmensystems in Deutschland, in G. Puttner (Hrsg.), *Handbuch der kommunalen Wissenschaft und Praxis, Band 6 Kommunale Finanzen*, Berlin 1985, S. 70-73.）。
2) プロイセン邦の市町村税については、Hermut Führbaum, *Die Entwicklung der Gemeindesteuern in Deutschland (Preussen) bis zum Beginn des 1. Weltkriegs*, Diss., Münster1971, Richard von Kaufmann, *Die Kommunalfinanzen 2. Bande*, Leipzig 1906、が詳しい。
3) Ulrike Metzger/Joe Weingarten, *Einkommensteuer und Einkommensteuerverwaltung in Deutschland*, Opladen 1989, S. 36.
　　ドイツにおける近代所得税の形成については同書のほか、佐藤進『近代税制の成立過程』東京大学出版会、1965年、とくに第2編「ドイツにおける近代税制の形成」、諸富徹「ドイツにおける近代所得税の発展」宮本憲一・鶴田廣巳編著『所得税の理論と思想』税務経理協会、2001年、参照。
4) Kaufmann, a. a. O., S. 299.
5) Kaufmann, a. a. O., S. 304-351.
6) プロイセン邦の地方税法では、市町村の所得税付加税と物税税率の関係を次のように規定していた。①所得税付加税が課される場合、物税税率は少なくと

もそれと同率もしくは1.5倍までの税率とする。②物税税率が100％を上回らない時、所得税付加税は課さないか、もしくは税率を軽減する。③物税税率が150％を上回り、同時に所得税付加税率が150％の場合、物税の税率1％上昇ごとに、所得税付加税率は2％上昇できる。④原則として物税税率は200％を超えてはならない（Kaufmann, a. a. O., S. 349-350、伊東弘文『現代ドイツ地方財政論（増補版）』文眞堂、1995年、222-223ページ、参照）。

7) 1900年代にはいっても所得税付加税は市町村税収の5割以上を占めていた。プロイセン邦の主要32都市の市町村税収構成は、1902年で所得税付加税51.1％、物税38.1％、1910年で所得税付加税52.7％、物税37.8％であった（Paul Martini, *Die Einkommensteuerzuschläge in den grössern preussischen Städte in ihrer Entwicklung seit der Miquelschen Steuerreform*, Diss., Berlin 1912, S. 88-89.）。

8) Martini, a. a. O., S. 36.

9) 竹内良夫「プロイセンのKAG（地方税法）の破綻」東洋大学『経済経営論集』第54号、1969年12月、参照。

10) Martini, a. a. O., S. 25-45、竹内良夫「ドイツの地方所得税強化について」東洋大学『経済経営論集』第55号、1970年2月、参照。

11) ワイマール期のライヒ、邦、市町村の政府間財政関係、租税政策をめぐる議論については、K-H Hansmeyer, (Hrsg.), *Kommunale Finanzpolitik in der Weimarer Republik*, Stuttgart 1973（廣田司朗・池上惇監訳『自治体財政政策の理論と歴史』同文館、1990年）、武田公子『ドイツ政府間財政関係史論』勁草書房、1995年、第5章、関野満夫『ドイツ都市経営の財政史』中央大学出版部、1997年、第5章、参照。

12) Oskar Mulert, Kommunalsteuern und Finanzausgleich (Reichsfinanzreforme), in *Handwörterbuch der Kommunalwissenschaft, Ergänzungsband II*, 1927, S. 1511-1522.

13) Murelt, a. a. O., S. 1510.

14) なお同じく可動的収入としては、市町村の地方公営企業収益と公有財産収入もあった。これらの収入は1920年代後半のドイツ全市町村の歳入構成比では8～10％にすぎないが、質的にはそれ以上の意味があった。つまり、租税収入の6割がライヒ・邦の意向に左右される税収であり、また可動的税収とはいえ物税や雑種税の酷使は納税者や経済基盤との関係からいっても自ずと限界がある。これに対して、公営企業収益や公有財産収入はライヒや邦など上位政府の干渉

を受けることのない財源であり、かつ市町村の経営能力如何によって獲得できる収入でもあり、この時代の市町村財政運営の重要なバックボーンの一つになっていたのである。詳しくは関野、前掲書、第Ⅱ部「ワイマール期の都市経営」を参照されたい。
15) ライヒ法によって市町村の地租・家屋税付加税率が100％を超えると、超過分はすべて家賃への転嫁が認められていた（Emma Woytinsky, *Sozialdemokratie und Kommunalpolitik*, Berlin 1930, S. 36.）。
16) Herta Lichtenstein, *Die Finanzwirtschaft der deutschen Grossstädte von 1925 bis 1931*, Jena 1933, S. 72.
17) Ulrich Braun, *Die Besteuerung der Unternehmen in der Weimarer Republik von 1923 bis 1933*, Köln 1988, S. 140.
18) 原資料は、Statistischen Reichsamt, *Besteuerung und Rentabilität gewerbelicher Unternehmen* (*Einzelschriften zur Statistik des Deutschen Reichs Nr. 4*, Berlin 1928)。
19) Deutscher Städtetag, *Städte Staat Wirtschaft*, Berlin 1926, S. 64.
20) Otto Most, *Die Finanzlage der Ruhrgebietsstädte*, Jena 1932, Tabelle 2, より。なお1931年度には大恐慌のため営業税の構成比は27.9％に低下している。
21) Burkhard Zeppenfeld, *Handlungsspielräume städtischer Finanzpolitik; Staatliche Vorgaben und kommunales Interesse in Bochum und Münster 1913-1935*, Essen 1998, S. 182-187.
22) Most, a. a. O., S. 70-74, Zeppenfeld, a. a. O., S. 107-115.
23) Most, a. a. O., S. 61. なお人口5～10万人の中都市でも1人当たりの公営企業・公有財産収入はルール都市の4.95マルクに対して、その他地域の都市は21.24マルクであった（Ebenda, S. 61.）。
24) 関野、前掲書、第Ⅱ部、参照。
25) Most, a. a. O., S. 62-70.
26) Zeppenfeld, a. a. O., S. 184.
27) Statistischen Reichsamt, *Die Gemeindefinanzen in der Wirtschaftskrise* (*Einzelschriften zur Statistik des Deutschen Reichs Nr. 32*, Berlin 1936) S. 14-15, Zeppenfeld, a. a. O., S. 190-191.
28) Braun, a. a. O., S. 172.
29) Zeppenfeld, a. a. O., S. 190-191.
30) ライヒ財務大臣は1932年9月28日付で、1933年度のライヒから市町村への福

祉援助は当該市町村の公民税付加税率が500%であることを条件にするとした (Zeppenfeld, a. a. O., S. 195.)。
31) Zeppenfeld, a. a. O., S. 193.
32) 高砂恒三郎「独逸公民税に就て」『都市問題』第28巻第4号、1937年4月、伊東、前掲書、224-226ページ、参照。

第2章　第2次大戦後ドイツの市町村税
　　──営業税の動向と改革を中心に──

はじめに

　第2次大戦から今日にいたるドイツの市町村税とは、基幹税である営業税の改革・縮小とその代替財源として所得税、売上税での市町村配分の増加の過程でもあった。営業税は市町村が独自に税率操作権を備えた自治的税源であるが、所得税・売上税は連邦・州の共通税でありその税収配分への市町村の関与の余地はなく、自治的・自律的要素に欠ける税収という問題がある。第2次大戦後において営業税にもっぱら依存した市町村財政運営は、第2次大戦前と同様に営業税における企業の負担問題や税収の市町村格差など様々な問題を発生させることになった。他方では、一連の営業税改革によって営業税の物税的要素が徐々に排除されていったため、逆に営業税の市町村税としての適合性も問われることにもなった。そこで本章では、第2次大戦後の営業税の実態と改革の推移を中心に検証しながら、第2次大戦後ドイツの市町村税の動向と問題点を考えていこう。なお1990年に東西ドイツが統合されたが、旧西独地域と旧東独地域では所得水準や地域経済の状態に依然として相当な格差があり、市町村税の変遷を考える際には両地域を区別してとらえる必要がある。本章では第2次大戦後の市町村税の変遷を検討することを主題にしており、資料評価の連続性の意味からも旧西独地域の市町村税を主に検討することになる。

I 第2次大戦後の市町村税の構造と変遷

(1) 連邦・州・市町村の財政と租税配分

　まずドイツの政府財政の中での市町村財政の位置を確認しておこう。2001年度の政府歳出総額5760億ユーロのうち連邦が2619億ユーロ（45.5％）、州が2090億ユーロ（36.3％）に対して市町村は950億ユーロで全体の16.5％の比重である（1ユーロ＝約1.96マルク）。そして市町村の主な歳出項目は、学校教育、社会保障、健康・スポーツ、下水処理などの共同サービス、交通・通信、公安・秩序などであり、住民の日常生活に関わる一般行政を担っている。

　次に政府財政の主要な収入基盤である租税収入の配分をみてみよう。表2-1によれば、連邦は1970年度の54％から2001年度には43％へとやや低下し、州は同期間に32％から40％へ上昇している。これは主要には、連邦・州の財政需要、財政責任さらに東西ドイツ統合（1990年）という変化の中で、共通税である売上税などで連邦・州配分の調整がなされたからである。一方、市町村への税収配分はこれまではほぼ12〜14％の水準にあった。いずれにせよ2001年度現在では、ドイツ全体の租税収入のうち、連邦、州がそれぞれ40％以上を確保しているのに対して、市町村は12％であることがわかる。これを先の歳出構造の比重と照らし合わせると、連邦と州は歳出配分にほぼ対応した税収配分を示しているが、市町村の場合は歳出の比重と税収の比重には一定の格差があるといえる。

　そこで2001年度における市町村の歳入および歳出の構成をみてみよう。表2-2によれば、租税収入は市町村歳入総額の34.1％を占め、連邦・州からの交付金合計32.9％（経常27.3％、投資5.6％）と並んで市町村財政を支える基盤的収入になっていることがわかる。なお旧西独地域の市町村では租税収入が37.8％を占めているが、旧東独地域の市町村では租税収入は16.1％しか占めておらず市町村歳入の57％を連邦・州からの交付金でまかなっている状況にある。

表2-1　租税収入の政府間配分

(単位：%)

年度	1970	1980	1990	2001
連邦	54.1	48.2	48.7	43.4
州	32.7	34.7	34.2	40.0
市町村	11.9	14.0	13.2	12.1
EU	1.3	3.1	3.9	4.4

出所) Bundesministerium der Finanzen, *Finanzbericht 2004*, S. 274-280.

表2-2　市町村歳入の構成（2001年度）

	金額 (億ユーロ)	構成比 (%)	旧西独地域の市町村 (%)	旧東独地域の市町村 (%)
租税収入	490.6	34.1	37.8	16.1
使用料・手数料	165.4	11.5	12.1	8.3
連邦・州経常交付金	393.4	27.3	23.9	43.9
連邦・州投資交付金	81.4	5.6	4.1	13.5
その他収入	308.8	21.5	22.1	18.1
市町村歳入総額	1439.5	100.0	100.0	100.0

出所) Gemeindefinanzbericht 2003, S. 5, 10, 12.

表2-3　市町村歳出の構成（2001年度）

	金額 (億ユーロ)	構成比 (%)	旧西独地域の市町村 (%)	旧東独地域の市町村 (%)
人件費	393.2	26.6	26.1	29.2
物件費	285.2	19.3	19.4	18.9
社会給付費	273.4	18.5	19.2	14.6
利子費	53.0	3.6	3.6	3.5
公的投資	241.9	16.3	15.5	20.6
うち建設投資	184.2	12.4	11.4	17.7
うち財産取得	57.6	3.9	4.1	2.9
その他支出	232.1	15.7	16.2	13.2
市町村歳出総額	1479.1	100.0	100.0	100.0

出所) Gemeindefinanzbericht 2003, S. 5, 10, 12.

また表2-3によれば、市町村歳出は人件費26.6%、物件費19.3%、社会給付費18.5%、公的投資16.3%という構成である。旧西独地域に比べると旧東独地域の市町村では、人件費や公的投資とくに建設投資の比重がやや高くなってい

表2-4 政府租税収入の構成
（2001年度）

（単位：億ユーロ）

連　邦	1937
連邦固有税	792
所得税（共通税）	600
法人税（共通税）	102
売上税（共通税）	722
営業税納付金	15
州	1786
州固有税	196
所得税（共通税）	600
法人税（共通税）	102
売上税（共通税）	637
営業税納付金	19
市町村	540
市町村固有税	98
所得税（共通税）	222
売上税（共通税）	28
営業税	245

出所）*Finanzbericht 2004*, S. 280.

る。

　さらに租税に関しては今日のドイツの場合、連邦、州、市町村の共通税化が進んでいることが大きな特徴である。表2-4は2001年度の各級政府の租税構成を示したものである。連邦及び州では共通税たる所得税、法人税、売上税がその税収の73～74％を占めている。一方、市町村では、共通税である所得税と売上税への市町村参与は46％であり、連邦・州に比べると共通税依存の度合いはやや低い。反対に営業税とその他市町村固有税が64％を占めている。なお同じ売上税（Umsatzsteuer）という名称を使っているが、第2次大戦前の売上税が累積課税される取引高税であるのに対して、第2次大戦後の売上税は消費型付加価値税つまり一般消費税である。

(2) 市町村税の変遷

　それでは第2次大戦後ドイツの市町村税はどのような変遷をとげてきたのであろうか。表2-5は1960年代から2001年度までの旧西独地域の市町村税収の構成の推移を示している。ここでは1960年代までの税収構成と1970年代以降の税収構成が大きく変化していることがわかる。1960年代までの市町村税収の圧倒的部分は不動産税（戦前の地租・家屋税）と営業税という物税からなっており、とりわけ営業税が80％近い比重を占めていた。第2次大戦前の市町村税と比較しても営業税の比重は圧倒的であり、市町村税は事実上もっぱら営業税収に依存していたと言っても過言ではない。この背景には、戦後西ドイツにおいては所得税、法人税、売上税という税収伸長性のある租税が共通税として連邦と州が占有する一方で、市町村には基本法（憲法）第106条において「物税の

表2-5 市町村税収の構成

(単位:％)

年度	1961	1968	1972	1980	1990	1998	2001
不動産税	16.4	16.7	11.9	11.3	11.7	14.6	15.8
営業税	77.8	78.3	43.9	41.9	44.6	38.7	35.4
収益税・資本税	71.0	71.3	35.5	40.3	44.6	38.7	35.4
賃金額税	6.9	7.1	8.6	1.7	―	―	―
所得税参与額	―	―	40.1	43.4	42.2	40.7	42.3
売上税参与額	―	―	―	―	―	4.5	5.1
その他市町村税	5.7	5.0	4.2	3.4	1.5	1.5	1.4

出所) H. Karrenberg, *Die Bedeutung der Gewerbesteuer für die Stätde*, S. 151, Gemeindefinanzbericht 2003, S. 88.

収入は市町村に帰属する」と規定して（物税保証＝Realsteuergarantie）、市町村の独立税源としてはもっぱら物税を位置づけてきたことがある。また同じ応益原則に立つ物税の中でも、営業税の方が不動産税よりも経済発展に対応しやすく十分な税収増をあげることが可能であった。

ところが、1970年代以降に入ると営業税の比重は40％台に低下した。逆に連邦・州との共通税たる所得税への市町村参与額が40％台の比重を占めるようになり、営業税収とほぼ並ぶ水準になっている。これは1969年の税制改革によって、市町村の営業税収の一部が営業税納付金として連邦・州に分与され、その補充財源として所得税収への市町村参与が開始されたからである。さらに1998年より売上税への市町村参与も税収の4～5％を占めるようになった。これは営業税の一部である営業資本税が同年より廃止され、その代替財源として共通税である売上税への市町村参与が始まったからである。かくして第2次大戦後ドイツの市町村税は、独自税源たる営業税にもっぱら依存する状況から、所得税・売上税という共通税への市町村参与と相対的に縮小した営業税とに依存する状況に変化してきたのである。

このように第2次大戦後の市町村税の変遷とは、何よりもまず営業税の改革と営業税依存体制からの脱却が目指されてきた過程であった。それではそのように改革を迫られた戦後営業税とは果たしていかなる構造と特徴をもっていたのであろうか。次にこの点を検討していこう。

II 第2次大戦後の営業税

(1) 営業税の歴史

　第2次大戦までの営業税の推移については前章ですでに検討しているが、ここでは営業税制度の歴史を今一度概観しておこう。ドイツの営業税は1810年にプロイセン国王の勅令で「営業の自由」を認めた上で導入した営業許可税やその修正版たる1820年の収益税に起源をもつ。そこでは負担能力に関わらず、営業の業種、規模、面積などでの外形標準的な課税がなされていた。近代的な営業税が登場する画期となったのは1891／93年のプロイセン財相ミーケルによる財政・租税改革においてであった。そこでは、階級税を近代化した本格的な所得税が邦の主要税源として位置づけられるとともに、やや時代遅れになりつつある物税（地租、営業税）が市町村に移譲されることになった。市町村財政は邦所得税への付加税と物税を主要税収にして、19世紀末以降拡大し始める自治体行財政需要に対応しようとしたのである。これに伴いプロイセン営業税は近代化され、営業収益、営業資本金、営業従業員数（後に賃金額に変更）を課税標準とする、外形課税的な物税として整備されることになった。その後営業税は、1920年代のワイマール期にエルツベルガー財政改革によっていったんは地租とともに邦税化され、市町村は営業税付加税を課すことになった。そして、ナチス期の1936年物税実施法によって再び市町村税化されドイツ全土で統一的な営業税が確立され、戦後の市町村財政に引き継がれていくことになる[1]。

　営業税の課税根拠は、元来は収益税の一種として能力原則に基づいていたが、近代的所得税が登場してそこに能力原則が体現されるようになると、とりわけ地方税化した営業税は等価原則（Äquivalenzprinzip）にその課税根拠を見出すようになった。等価原則とは一般的には、自治体の給付もしくは施設の受益者は原則としてその発生する費用を負担すべきであるという考えであり、企業と営業税の関係について言えば、「その地域に所在する営業活動から要請され

る自治体のインフラストラクチャーや、企業にとって重要なその他の公共サービスは、その地域の営利企業によって財政負担されるべきである」[2]という考え方である。こうした等価原則が、ミーケルの改革に始まり、ワイマール期の財政学者・財相ポーピッツによって強調されつつ、戦後においても市町村税としての営業税の意義を根拠づけ活用させることになる。市町村税に占める営業税の比重は、ミーケル改革直後の1894年には2.3%であったが、その後は1913年に11.0%、1936年に19.2%へと着実に増加していった。そして第2次大戦後にはその比重は1950年47.9%、1956年69.1%、1966年78.7%にまで増加して、市町村財政の中心税収に位置するようになったのである[3]。

(2) 営業税の制度

つぎに戦後ドイツの営業税のしくみを簡単にみておこう[4]。その概要は次のとおりである。①課税対象は、国内で営利活動を行っているすべての営利企業であるが、農林業や自由業、自営業は除外される。②課税標準は営業収益と営業資本であり、州政府の許可があれば支払賃金額も課税標準にすることができた。なお後述のごとく賃金額は1980年より、営業資本は1998年より課税標準からはずされた。③営業税の税率は各々の市町村が独自に決定することができる。

さて物税としての営業税の特徴が反映されたのは課税標準の取り方であった。営業収益額の算定は、所得税法もしくは法人税法に基づく営業利益を基本額にして、加算項目（長期負債利子、賃貸料、経営諸支払、配当利益）と控除項目（国外での営業利益、不動産税との調整のための控除）によって調整される。営業資本の算定は、評価法に基づいて査定された企業資本の評価額に一定の加算と控除がなされる。また、賃金額税は当該市町村内に所在する事業所従業員への支払い賃金総額が課税標準とされた。つまりドイツの営業税は、営業収益税、営業資本税及び賃金額税が結合したものであった。言い換えれば課税標準として付加価値に営業資本も加わって、ドイツ営業税は外形的課税要素の極めて大きい地方税だったのである。

このように算定された課税標準に対して一定の基礎控除がなされた上で、営

業収益額には原則として5％の租税指数（Steuermess）が、営業資本税には0.2%の租税指数が掛けられ、合算して各企業の租税基準額（Messbetrag）が算出される。この租税基準額に各市町村ごとに独自の賦課率（Hebesatz）が掛けられ、各企業の営業税額が決定する。なお賃金額税を課税する市町村の場合には、支払賃金額に2％の租税指数を掛けた租税基準額を算定し、これに各市町村独自の賦課率が掛けられた。営業税の課税内容に関しては、加算項目・控除項目を含む課税対象の算定、基礎控除額、租税指数の決定は連邦の権限に属し、市町村は営業収益・営業資本の統一租税基準額と賃金額租税基準額への各々の税率決定権のみを保持していたことになる。とはいえ、営業税における市町村の税率決定権は、市町村がその財政需要にたいする財源調達を税収によって最終的に調整することを意味したのであり、市町村の自律的な財政運営を可能にするという観点からみればその意義は小さくない。

(3) 営業税の実態

最後に実際の営業税の動向をみておこう。第1に営業税の内訳である。これに関しては1969年に営業税納付金制度が導入され、1980年より賃金額税が廃止されたため大きな変動がある。先の表2-5によれば、租税収入総額を100とすれば1960年代には営業収益税・営業資本税70に対して、賃金額税7という割合である。1970年代に入ると営業税納付金が導入されたため、賃金額税の相対的比重が上昇した。とはいえドイツ全体でみれば営業税収の大半は、営業収益税・営業資本税によるものであったことがわかる。

第2に、市町村の決定権に属する営業税賦課率はどうであろうか。営業収益税・営業資本税の賦課率の市町村平均は1963年の281％から徐々に上昇して1986年には359％、1994年には372％になっていた[5]。また表2-6で営業税賦課率の分布をみると、例えば1986年では賦課率276～350％に約88％の市町村が集まっており、極端に分散しているとはいえないものの、市町村間の税率格差が少なからずあると考えるべきであろう。いうまでもなく、各市町村の営業税賦課率は、当該市町村に所在する課税標準規模（地域の経済力）と市町村に要

請される財政需要額によって基本的には規定されざるをえないからである。

第3に、1980年より廃止された賃金額税の実状について。賃金額税について重要なのは同税を活用した市町村は限定されており、普遍的な市町村営業税になっていなかったことである。もともと同税はミーケルの改革による1893年プロイセン地方税法によって、営業税の課税標準の一つとして企業従業員数を市町村に選択させることを認めたことに起源をもち、1920年代の超インフレーションの時期に課税標準は支払賃金額に変更された。そして第2次大戦前においてはルール地域・ライン工業地帯の市町村が多く賃金額税を活用していたこともあって、第2次大戦後の西ドイツにおいてもノルトライン・ヴェストファーレン州の市町村が賃金額税徴収の中心になっていた。1970年代において賃金額税徴収を認めていたのは連邦8州のうち5州のみであり、連邦人口の約3分の1を占める3州では全く徴収されておらず、また徴収されている州でも実質的には人口5万人以上の市町村に限定されていた[6]。いま表2-7で1979年度の各州ごとの賃金額税収入をみると、ドイツ全国での税収32.9億マルクのうち実に60.4%がノルトライン・ヴェストファーレン州で徴収されている。同州では賃金額税が営業税収の36.4%、市町村税収全体の15.6%も占め、国内平均を大きく上回っていたことがわかる。賃金額税は労働集約企業に相対的に大きな負担となるが、その税額徴収での地域間格差という事実は、営業収益税・営業資本税での賦課率格差と並んで、営業税への批判的潮流を呼び起こす原因となるものであった。

第4に、営業税の納税義務者や課税対象の範囲が次第に縮小されていった。課税最低限は徐々に引き上げられてきたが、1979年・租税改革法（後述）によってそれは一層顕著になった。この時、賃金額税が廃止されただけでなく、営

表2-6　営業税賦課率の市町村分布

(単位：%)

賦課率（％）	1976年度	1986年度
1～175	0.00	0.06
176～200	0.11	0.16
201～225	0.47	0.20
226～250	4.15	2.29
251～275	7.58	5.19
276～300	39.81	36.19
301～325	29.13	37.91
326～350	15.22	14.32
351～	3.34	3.67
平均賦課率	319%	359%

出所）A. Pfaffernoschke, *Die Diskussion um die Gewerbesteuer*, S. 97.

表2-7　各州における賃金額税の位置（1979年度）

(単位：%)

	賃金額税収 （百マルク）	同シェア	賃金額税／ 営業税	賃金額税／ 市町村税	賃金額税の 平均賦課率
ノルトライン・ヴェストファーレン州	1,990	60.4	36.4	15.6	1,001
ヘッセン州	430	13.1	21.9	9.5	688
ニーダーザクセン州	331	10.0	18.7	7.2	795
ハンブルク州	258	7.8	22.0	11.6	700
ブレーメン州	119	3.6	34.6	17.0	960
ラインラント・プファルツ州	86	2.6	9.1	3.6	520
シュレスヴィッヒ・ホルシュタイン州	80	2.4	15.5	5.2	914
ドイツ全体	3,296	100	17.5	7.5	873

出所）Karrenberg, a. a. O., S. 157.

業収益税の基礎控除が2万4000マルクから3万6000マルクに、営業資本税の基礎控除も6万マルクから12万マルクに引き上げられた。このようなことで納税義務者は大幅に縮小されることになり、1980年度にはドイツの全営利企業の65％弱が営業税を払わないことになったのである。こうした結果、営業税の負担は一部の大企業に偏る傾向を強めていったという[7]。このことは何よりも等価原則を担う物税としての営業税の本来的特徴を著しく弱めることであり、それはまた一方で営業税改革論（再生論）を呼び起こすとともに、他方では営業税への批判や廃止論呼び起こす重大な要因にもなってくるのである。

そこで次に、このような営業税の実態のある意味では原因でもあり、また結果でもある1980年代までのドイツにおける営業税改革の動きをみてみよう。

III　1960年代・70年代における営業税改革

(1) 財政改革委員会（トレーガー委員会）の勧告

1960年代半ばになると営業税収に依存する市町村税制には様々な問題が顕在

化してきた。つまり、市町村歳出の伸びに対して市町村税収が十分に追いつけなくなっていたり、地方税負担の不均衡・不公平も大きくなっていたのである。そうした中で1964年3月に連邦財相の提案による財政改革委員会（トレーガー委員会）が編成され、1966年1月に政府に最終勧告をだしたが、そこでは市町村財政改革も主要課題の一つとして取り上げられた。このトレーガー委員会勧告の意義と問題点については本書第4章で詳しく検討するので、ここでは改革提案についてのみ紹介しておこう[8]。

　勧告による市町村財政改革の柱は、①営業収益税を全面的に廃止し、逆に営業資本税と賃金額税を修正した上で全市町村に拡大する、②営業収益税廃止による市町村の減収は連邦補助金ではなく、市町村所得税の導入によって補塡する、というものであった。営業収益税は1964年度で営業税収の87％を占めるほどであったが、同勧告ではその欠陥を次のように認識していた。①本来物税であるのに次第に人税化し、営業収益という所得への追加的負担になっている。②ごく少数の納税者に負担が集中している。③税収の景気感応性が強く、地方自治体の収入を不安定にさせる。④地方自治体の課税力の格差を大きくする。⑤営業税率の差や地方公共サービス水準の差が企業の競争条件に悪影響を与える。⑥近代国家では欠陥の多い同種の営業税をもつ国は少ない。

　かくして欠陥の多い営業収益税は廃止して、同勧告では営業税を営業資本税と賃金額税に特化させようとする。その理由は、この二つの課税標準がより物税的であり等価原則を反映するものであること、また市町村税収としてもより安定的、普遍的であること、さらに市町村所得税が導入された場合にもそれは個人を対象とするのみであるから、市町村における個人・企業の課税バランスという観点からみれば営業税による市町村での企業負担も正当化されうる、というものであった。また勧告での市町村所得税とは、連邦・州の共通税たる所得税の比例税率部分での一定割合を市町村に委譲し、その際に一定の範囲内での税率操作権を市町村に認めるべきとされていた。このようにトレーガー勧告では、市町村税収の普遍性、安定性、伸長性の確保を重視して、営業収益税の廃止、営業税の物税的（外形標準的）再編、税率操作権を備えた市町村所得税

の導入という大胆な改革を提案したのである。

(2) 1969年・市町村財政改革法

　上記のようなトレーガー勧告が出された後、国内の関係団体も含めた活発な議論が行われ、1969年7月に市町村財政改革法が成立した[9]。この改革の大きな柱は、①所得税収の14％を市町村財源として保証し配分する、②市町村はその営業税収の約40％を連邦・州へ納付する、ということであった。つまり所得税は事実上、連邦、州、市町村の共通税となり、また営業税収での市町村独占が崩れたこと、ひいては1956年以来認められていた市町村への物税保証が破られたことになる。

　さてその方法を具体的にみてみよう。所得税への市町村参与は、各州で徴収された所得税収の14％が州内市町村財源として保証された上で、各市町村居住者の一定基準額以下の課税所得年額を集計してその比重をもとに各市町村に配分された。この基準額は当初は課税所得年額で単身者8000マルク、夫婦者1万6000マルクとされた。また営業税納付金は、当該市町村での営業収益税と営業資本税での租税基準額（前述）の120％を連邦・州へ納付するというものである。営業税賦課率の120％を越える部分は当該市町村の営業税収となり、従って営業税賦課率及び営業税収の決定権は市町村に確保されることに変わりはない。

　トレーガー勧告が期待した税率操作可能性を備えた市町村所得税や営業収益税廃止という抜本的改革にこそ至らなかったが、それでもこの1969年改革は市町村の税収構造に次のような重大な変化をもたらした。

　第1に、もっぱら営業税に依存していた市町村税収は、営業税と所得税市町村参与額という二本柱をもつことになった。先の表2-5によれば、1969年には営業収益税だけで78％も占めていたのが、1972年には営業税44％、所得税40％という構成に変化している。

　第2に、新たに所得税収分が寄与することになって市町村税収全体の相対的増加がもたらされた。市町村から連邦・州財政に回される営業税納付金と所得

税市町村参与額を比較すると収入的には市町村財政が得をしていた。その差し引き実額は1970年の25億マルクから次第に増加し1979年には89億マルクにもなっていた[10]。そして国内の租税収入総額に占める市町村税収のシェアも表2－1によれば1970年の11.9％から1980年には14.0％まで上昇していた。

第3に、かつての営業税収依存型に比較すれば市町村間の税収格差は縮小することになり、また総じて小規模市町村ほど安定的税収を確保することになった[11]。つまり企業や事業所の多く立地する都市においては営業税納付金による税収減少幅は大きく、必ずしも所得税参与分によって補塡されるとは限らない。逆に企業立地が少なく居住者中心の市町村においては所得税参与によって安定的税収を確保することが可能である。その意味では個々の市町村にとっては改革の影響は相当に異なるわけであり、とりわけ税収損失となる都市にとっては問題は大きかった。

第4に、この市町村所得税参与が市町村税収に大きな位置を占めてくることは、市町村の自治的な税収基盤という観点からは問題もある。一つには、所得税市町村参与には市町村の税率決定権はなく、それだけ中央集権化された税収に依存することになり、自律的な財政運営が阻害されやすくなる。またいま一つには、営業税では所得の発生源泉で課税されるのに対して、所得税は居住地原則で配分されることの問題である。つまりこの所得税市町村参与方式では、所得の発生源泉ないし市町村の経費支出との受益関係を考慮しえないことになり、市町村税としてはある意味では欠陥をもつことになる。とりわけ大都市圏においては、所得の発生源泉である中心都市と所得者居住地である周辺市町村が分離されており、中心都市は経費支出に見合った所得税収を上げ得ない可能性が高い。この点はドイツ都市会議が大都市の立場からたえず批判するところである。

(3) 1979年・租税改革法

営業税の歴史において画期となったのは1978年11月30日に成立した1979年・租税改革法である。そこでは、①1980年度より賃金額税を廃止する、②それに

よる減収補塡策として所得税市町村参与の比率を14％から15％に引き上げ、営業税納付金の算定を租税基準額の120％から80％に引き下げる、③あわせて営業税の課税最低限を引き上げ、営業収益税では２万4000マルクから３万6000マルクへ、営業資本税では６万マルクから12万マルクにする、というものであった[12]。この営業税改革は直接的には、企業の営業税負担を軽減することになり、経済界の要求を反映したものである。とくに賃金額税については、労働集約企業の相対的負担が大きく、その廃止による雇用増効果によって失業問題改善にも資すること、またそもそも赤字企業での負担の困難さ、なども理由とされたが、とりわけても国内の賃金額税徴収の６割が集中していたノルトライン・ヴェストファーレン州の経済界の廃止要求が強かった。また、営業収益税及び営業資本税の課税最低限引き上げによって、多くの中小企業が営業税負担を免れることになった[13]。

しかしながら市町村税という観点から考えた場合、この営業税改革は重大な問題を内在させていた。それは第１に、物税としての営業税の特質を決定的に縮小してしまったのである。支払賃金総額という外形標準課税の廃止によって、営業税は営業収益税を主体にした第２法人税に限りなく近いものになってしまった。また、課税最低限の引き上げによって多くの企業が非課税になり、営業税は大企業課税に近いものになってしまった。営業税課税を通じて、自治体と企業が受益と負担を考慮しあうという財政責任ないし財政自治の側面がうすめられてしまうのである[14]。

第２に、営業税納付金の割合を削減することは確かに一面では市町村の営業税収入を増加させるが、他面では営業税収の市町村格差をより大きくさせることになる。これは1969年改革によって実現した地方税収入の偏在性の是正という成果に逆行するものであり、整合性に欠ける政策である[15]。

第３に、賃金額税廃止の減収を所得税市町村参与の増額と営業税納付金の減少によって補塡する方法にも問題があった。これによって確かに市町村財政全体では減収分を補塡するのは可能ではあるが、個別市町村ごとにみるならば、賃金額税収の減収分が所得税と営業税の増収によって補塡される必然性はない。

とりわけノルトライン・ヴェストファーレン州など工業地帯で賃金額税に大きく依存していた市町村や、多くの従業員が就業しながらその居住地は周辺市町村に分散する大都市圏の中心都市にとっては、この改革はむしろ税収減をもたらすことになる。逆に、もともと賃金額税を徴収しないか、わずかしか依存していなかった市町村にとっては税収増になる可能性が高い。いわば市町村の間でも「勝ち組」、「負け組」が発生する、不公平な改革という改革という側面が強いのである[16]。

IV 1980年代以降の営業税と営業税改革論

(1) 1980年代以降の営業税の実態

1969年の「第1の改革」、1979年の「第2の改革」によってドイツの市町村租税構造とりわけ営業税は大きく変貌する。そこでつぎにその変貌による市町村財政への影響と問題について考えてみよう。

まず第1に、すでに述べたように賃金額税廃止とその減収補填策は、賃金額税を徴収していた市町村と非徴収市町村ではその影響に相当な格差があったということである。表2-8は、1980年度の旧西ドイツ8州の市町村での改革による税収増減の実態を、賃金額税の徴収市町村と非徴収市町村とに分けて比較したものである。これによると、国内市町村全体の減収は賃金額税廃止による35.9億マルクと営業税率引き下げによる8.7億マルクの計44.6億マルクに対して、増収は営業税率引き上げによる12.5億マルク、営業税納付金の減少による32.9億マルク、所得税市町村参与増による14.8億マルクの計60.1億マルクであり、差し引き15.5億マルクの増収になっている。ところが賃金額税徴収市町村だけでは4億マルクの減収であり、逆に非徴収市町村では19.5億マルクの増収になっている。とくに結果的に減収の影響の大きいのは、賃金額税に多く依存していたノルトライン・ヴェストファーレン州の市町村であった。同州の賃金額税徴収市町村だけでは、賃金額税廃止によって実に21.5億マルクの減収とな

表2-8　1979年税制改革による市町村税収の増減（1980年度）
（A：賃金額税徴収市町村、B：賃金額税未徴収市町村）

(単位：億マルク)

	減　収		増　収			差し引き
	賃金額税廃　止	営業税率引き下げ	営業税率引き上げ	営業税納付金引き下げ	所得税参　与引き上げ	
市町村全体	−35.9	−8.7	12.4	32.8	14.8	15.5
A	−	−	12.4	13.4	5.9	−4.0
B	−35.9	−8.7	−	19.4	8.9	19.5
シュレスヴィッヒ・ホルシュタイン州	−0.9	−0.1	0.3	0.9	0.5	0.8
A	−0.9	−	0.3	0.3	0.2	0.0
B	−	−0.1	−	0.6	0.3	0.8
ニーダーザクセン州	−3.6	−0.3	2.0	3.1	1.4	2.7
A	−3.6	−	2.0	1.5	0.6	0.6
B	−	−0.3	−	1.6	0.8	2.1
ノルトライン・ヴェストファーレン州	−21.5	−1.0	7.7	9.1	4.3	−1.3
A	−21.5	−	7.7	6.9	3.3	−3.6
B	−	−1.0	−	2.2	1.0	2.3
ヘッセン州	−4.6	−0.1	0.5	3.0	1.4	0.1
A	−4.6	−	0.5	2.1	0.9	−1.2
B	−	−0.1	−	0.9	0.5	1.3
ラインラント・プファルツ州	−0.8	−0.3	0.3	1.4	0.5	1.1
A	−0.8	−	0.3	0.6	0.2	0.3
B	−	−0.3	−	0.8	0.3	0.8
バーデン・ヴュルテンベルク州	−	−3.2	−	5.6	2.3	4.7
バイエルン州	−	−1.4	−	5.0	2.2	5.8
ザールラント州	−	0	−	0.4	0.2	0.5

出所）Karrenberg, a. a. O., S. 176.

り、営業税納付金の減少などではとうてい補填されず、3.6億マルクの減収になっている。反対にもともと賃金額税を徴収していなかったバイエルン州の市町村では、営業税納付金縮小や所得税市町村参与の増加などによって5.8億マルクの増収になっているのである。

　第2に、支払賃金総額という外形標準に課税するという賃金額税に本来的に備わっていた機能、つまり地方税収の安定性や普遍性という基盤を市町村は失ってしまった。例えば図2-1をみると、主に企業利潤に課税する営業税（収

図2-1 賃金額税収、営業収益・資本税収、法人税収の対前年度変化率の推移

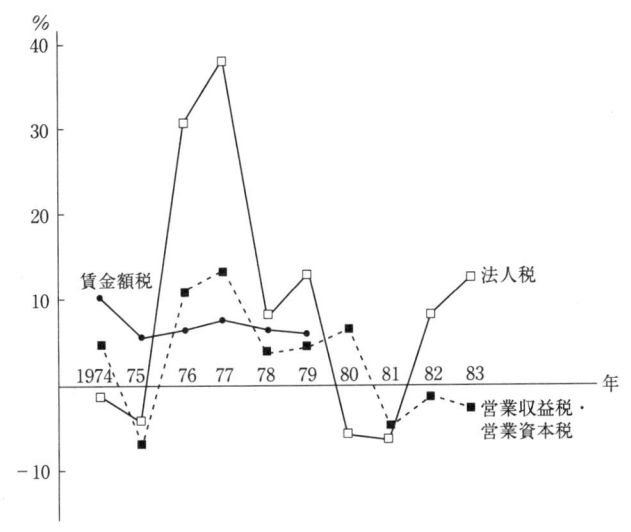

出所）Karrenberg, a. a. O., S. 172 より作成。

益税・資本税）や法人税は景気動向に左右されやすいのに対して、賃金額税は安定的に推移してきたことがわかる。また企業業績の悪化した市町村や構造的不況地域の市町村にとっては、景気動向にあまり左右されず地域的偏在性も小さい賃金額税は、営業収益税の停滞や落ち込みをある意味では相殺しうる調整弁のような役割をもっていた。その賃金額税が廃止されたことによって、営業税収の地域的偏在性を強めただけでなく、経済構造的に弱い市町村ほど営業税賦課率引き上げに頼らざるえない要因を形成してしまった[17]。

第3に、営業税改革と並行して実施された所得税の市町村配分額の算定基準の変更が、とりわけ大都市に不利な結果をもたらした。すでに述べたように、所得税市町村参与が導入された1969年には市町村配分の算定基準は、居住者の8000マルク（単身者）ないし1万6000マルク（夫婦者）までの課税所得年額の集計額であったが、この基準額は1972年よりそれぞれ1万6000マルクないし3万2000マルクへ、1979年より2万5000マルクないし5万マルクへ、そして1985年より3万2000マルクないし6万4000マルクに引き上げられてきた[18]。ところ

表 2-9 所得税市町村参与額の新配分基準による損失・利益

市町村規模	新配分基準による損失・利益（％）				79～85年度累積収支（億マルク）
	1979年度	1982年度	1985年度	合　計	
20万人～	−4.5	−6.5	−2.5	−12.9	−58
10～20万人	−2.0	−6.4	−2.3	−10.4	−15
5～10万人	−1.4	−1.6	−1.6	−4.5	−7
2～5万人	+2.2	+1.7	+1.0	+5.0	+13
～2万人	+4.0	+6.6	+2.3	+13.4	+67

出所）Karrenberg, a. a. O., S. 147.

で近年では大都市での就業者のますます多くの割合が周辺市町村に居住し、逆に中心部の大都市には失業者や移住者、高齢者などの低所得者や非所得階層が比較的多く居住する傾向にある。そうした中で、所得税配分の基準額が引き上げられることは、ますます多くの所得税収が大都市の周辺市町村に配分される結果になってしまう。例えば表2-9は、市町村人口規模グループごとに1979年から1985年までの所得税市町村配分額の変化を示している。人口20万人以上の大都市ではこの間に58億マルクの減収になっているが、2万人以下の市町村グループでは67億マルクの増収になっている。

(2) 営業税の再生案

このように度重なる制度改正を経て実現されてきたドイツの営業税及び市町村税制の実態には、市町村財政の立場からは見過ごせない問題があった。繰り返しになるがそれは次のようなことである。①営業税の本来の物税的要素がうすまり、市町村税収の不安定性や偏在性を強めてしまっている。②営業税の課税対象が狭まって大企業課税の要素が強くなり、地方自治を支える物税的企業課税としてふさわしいものでなくなっている。③居住地原則で配分される所得税市町村参与分は、とりわけ都市財政にとっては不満ののこるものである。

こうした状況を打開するものとして、市町村サイドで従来から重視されていたのは、営業税の物税としての再生ないし強化という方向であった。1980年代に入ってそうした主旨を主張した代表的な提案としては、1982年の連邦財務省

学術顧問団報告書や1986年の市町村サイドから出された税制改革法草案などがある。前者では、営業税及び不動産税を廃止した上で、市町村が税率決定権をもつ加算型地方付加価値税の導入を提案した。この地方付加価値税での納税義務者は自由業・自営業を含むすべての生産・サービス業であり、課税標準は支払賃金額、賃貸料、支払利子、実現利益という所得型付加価値とされた。これはある意味では「拡大された営業税」という実態をもつ地方付加価値税案であったが、1984年5月の州蔵相会議によって拒否され挫折した[19]。なおこの財務省学術顧問団の地方付加価値税案の意義と問題点について詳しくは本書第5章において検討される。

また後者の1986年租税改革法草案では、支払賃金総額を営業収益算定の加算項目として復活させるなど、納税義務者や課税対象を拡充しようとする「営業税の再活性化」をめざしたものであったが、経済界の反対に会い実現することはなかった[20]。

こうした事態は市町村サイドからすれば由々しきことであることは間違いない。例えば、ドイツ都市会議のカーレンベルクはそうした当時の状況を次のように総括しているのである。「これまでの租税政策はいずれにせよ、都市の立場からみて有意義でかつ実現しようと努力してきた営業税の修正とは、全く反対の事態を生じさせてしまった。これらの租税政策は——その時々の連邦政府とは関係なく——市町村租税システムの改善要求とりわけ地域経済活動に対応した要素の強化要求よりも、反・営業税論者の利害を一面的に重視したものであった。営業税の枠内での経済界の大規模な負担軽減は、都市の主要税源としてのこの税の良い特徴を強化するのではなく、ますます損なってしまった。このことは営業税をその完全な廃止という危険にさらすことになった」[21]。

(3) 反・営業税論と1998年改革

営業税の再生を求める市町村の立場とは異なり、経済界は営業税廃止を求める最も強力な反・営業税の立場にたってきた。経済界からみれば現行の営業税は次のような欠陥をかかえる悪税であった。①経営に対する不平等な扱い。農

業、自由業、自営業は課税されず、また営業資本税では長期負債利子及び長期負債は2分の1しか加算されず、他人資本に比べて自己資本は不利な扱いをうけている。②賃金額税は廃止されたが、収益のない赤字企業にもいまだに営業資本税が課税されている。③営業税負担及び納税企業は事実上大企業に偏ってしまっている。④地方が企業収益に課税している事例は国際的には少なく、営業税はドイツ企業の国際競争力をそぐ追加負担になっている、などである[22]。

こうした現状認識の上で経済界は、営業税は廃止されるべきであること、その補填財源としては、所得税への市町村参与のこれ以上の拡大は無理であり、連邦・州の共通税である売上税の税率を引き上げて市町村参与を認める、という基本的スタンスをとってきた[23]。

さて営業税改革、つまりその再生か廃止をめぐっては1980年代以降も様々な提案がなされ論争が続いてきた。この論争はとりわけ1990年に東西両ドイツが統一されて以降は、反・営業税の立場からその廃止を主張する経済界の議論が主導する形となった。そして遂に連邦政府も1996年税制改正法案の準備の過程で、営業資本税廃止と営業収益税軽減、それによる市町村税収の減収対策として市町村が売上税配分に直接参与（2.7％）する、という政府案を用意するまでになった。とはいえこの案に対しては、売上税の市町村配分の基準の不明確さや、営業税減収分が完全に補填される保証のなさなどを理由に、市町村サイドの反対が強かった。結局、連邦の野党であった社会民主党が多数を占める参議院で1995年6月2日に同法案が否決され、この営業税改革はひとまず実現しなかった[24]。

ところがその後の紆余曲折を経て、1997年7月31日に連邦議会と参議院の調停委員会で合意が形成され、営業税改革が決定した。その内容は、①1998年1月1日より営業資本税を廃止する、②その減収対策として売上税収入の2.2％を市町村に配分する、というものであった[25]。この改革による市町村財政への具体的影響は本書第3章で検討されるが、この改革のもつ意味としてさしあたり次のことは指摘できよう。

第1に、1979年の賃金額税に続いて営業資本税も廃止されて、外形課税的要

素は完全になくなり、営業税は営業収益税（企業利潤税）にまさに特化してしまった。物税としての営業税は解体されてしまったのである。

第2に、市町村にとっては自律的に運用できる営業税収入が削減されたかわりに、売上税と所得税という共通税への市町村参与分が増えることになった。売上税及び所得税には市町村の税率決定権はなく、市町村の自治的な財政運営への制約は大きくなったのである。

第3に、賃金額税廃止のケースと同様に今回の営業資本税廃止に際しても、市町村財政への影響は一様ではない。ドイツ都市会議の試算によれば、大都市や営業資本税に平均以上に依存していた都市にとっては、売上税配分による補塡額は減収額を下回り損失が発生する。逆に多くの中小の市町村は結果的に増収になる可能性が高い[26]。

(4) 2000年以降の営業税改革

さて2000年代に入って営業税改革をめぐる議論において新たな焦点が浮かび上がってきた。それは経済界を代表するドイツ工業連盟（BDI）とドイツ化学連盟が2001年6月に、営業税を廃止し所得税・法人税への市町村付加税（地方所得・利潤税）を導入する提案を発表したことである。その改革提案のポイントは、①現行の営業税と所得税市町村参与（15％分）を廃止する、②その代替財源として市町村は、連邦・州の共通税たる所得税および法人税に付加税を課す、③付加税は比例税とし、各市町村はその税率操作権を持つ、④不動産税は市町村税として維持される、というものである。従来、経済界は営業税廃止の代替財源としては一般に売上税への市町村参与を重視していたから、そうした中でのいわゆる地方所得税構想は注目に値するものであった。このドイツ工業連盟の地方所得税構想のねらい、意義と問題点について詳しくは本書第6章で検討するが、いずれにせよ同構想は政府や自治体サイドにも大きな衝撃と影響を与えることになった。

同構想発表の後、連邦財務省は2002年3月に市町村財政改革委員会を設置した。同委員会内の地方税作業グループは、ドイツ工業連盟の地方所得税構想

(BDIモデル）と自治体サイドの営業税の再生・現代化構想、外形標準課税の強化（自治体モデル）の比較検討も含めた報告書を2003年6月に提出していた[27]。その上で2003年7月に連邦政府は営業税改革法案を発表した。その内容は一方で、営業税の名称を市町村経済税に変更し、これまで営業税が課税されてこなかった自由業も課税対象に加えて課税ベースを拡大しつつ、租税指数を5％から3％に低下させる。また他方では、売上税市町村参与分を現行の2.2％から3.6％へ拡大させて、共通税による市町村財源の強化をめざしたものである。しかしながらこのような改革方向は、営業税廃止を求める経済界の要求とも、自治的な営業税の現代化を求める自治体サイドの要求とも一致するものではない。結局、連邦政府のこの妥協的な営業税改革法案（市町村経済税）は成立せず、2004年度より営業税納付金が削減され、営業税収での市町村配分が若干増加することに落ち着いた[28]。

おわりに

　第2次大戦後ドイツの市町村税は営業税の解体・縮小の歴史であった。と同時に、営業税改革および市町村税体系のあり方をめぐって様々に議論、提言がなされてきた時代でもあった。しかしながらドイツ市町村税の現状は、当事者たる市町村や都市、経済界にとってはいずれも満足のいくものではない。とくに財政運営の担い手たる市町村・都市にとってはこれまでの経緯は、一方では市町村の自治的な物税基盤が解体されてきたということで問題であり、他方では代替財源として導入された所得税、売上税への市町村参与に関しても、その税収決定での自律性欠如だけでなく、都市財政への不利な扱いがあることも重大問題であった。都市にとってはいわば市町村税の共通税化が、都市に固有の不利益を与えていると認識されているのである。そこで、続く第3章では市町村税の共通税化が、とくに都市財政にとってどのような影響を与えているのかを検討しよう。

注

1) ドイツ営業税の形成史については、Karl-Heinrich Hansmeyer, Gewerbesteuer, in *Handwörterbuch der Wirtschaftswissenschaft, Bd. 3*, Stuttgart 1981, S. 617-619, Konrad Littmann, Gewerbesteuern, in *Handbuch der Finanzwissenschaft, Bd. 2*, Tübingen 1980, S. 610-613, Georg H. Milbrandt, Die Gewerbesteuer, in, *Handbuch der kommunalen Wissenschaft und Praxis Bd. 6 Kommunalen Finanzen*, Berlin 1985, S. 128-131、伊東弘文『現代ドイツ地方財政論（増補版）』文眞堂、1995年、209-212ページ、参照。
2) Hansmeyer, a. a. O., S. 623. なお等価原則に関するドイツでの議論での整理については、半谷俊彦「応益原則を中心にした地方税制のあり方に関する考察」『自治研究』2004年10月号、がある。
3) Ebenda, S. 624.
4) 第2次大戦後の営業税制度については、Hansmeyer, a. a. O., S. 619-633, Littmann, a. a. O., S. 613-632, Horst Zimmermann, *Kommunalfinanzen*, Baden-Baden 1999, S. 183-191, Hannes Rehm/Sigrid Matern-Rehm, *Kommunale Finanzwirtschaft*, Frankfurt am Main 2003, S. 169-186、伊東、前掲書、209-220ページ、中村英雄、「西ドイツの営業税について」成城大学『経済研究』第60・61号、1988年2月、また1970年代以降のドイツ市町村税の構造と問題点については、中村良広「ドイツ市町村税の今日的課題」『月刊　自治研』2001年3月号、武田公子『ドイツ自治体の行財政改革』法律文化社、2003年、第1章「市町村財政構造の概要と地方税改革の課題」、を参照。
5) Andreas Pfaffernoschke, *Die Diskussion um die Gewerbebesteuer*, Frankfurt am Main 1990, S. 27、山内健生「ドイツにおける営業税改革について」『地方税』1996年10月号、139ページ。
6) Hansmeyer, a. a. O., S. 625.
7) Hansmeyer, a. a. O., S. 626-629、伊東、前掲書、219ページ。
8) トレーガー委員会勧告の改革案について詳しくは、本書第4章、参照。
9) 1969年市町村財政改革法については、伊東、前掲書、27-30ページ、参照。
10) 伊東、前掲書、122ページ。
11) 例えば1982年度の人口50万人以上の大都市と人口3000人以下の市町村の1人当たり税収の格差を比較すると、営業税では前者は後者の3.44倍であるが、所得税では1.68倍に低下しており、所得税参与による市町村税収の均衡化の効果は大きい（Dieter Lenz, Der Einkommensteueranteil, in, *Handbuch der kom-*

munalen Wissenschaft und Praxis Bd. 6 Kommunalen Finanzen, Berlin 1985, S. 143-144.)。
12) Littman, a. a. O., S. 630.
13) Hanns Karrenberg, *Die Bedeutung der Gewerbesteuer für die Städte*, Stuttgart 1985, S. 61、伊東、前掲書、57ページ。なおカーレンベルクによれば、1980年以降の実際の地域経済動向の推移をみると、賃金額税廃止による企業の雇用増、失業減少という経済効果はほとんど発揮されておらず、その意味では企業の雇用政策や失業対策にとっては賃金額税廃止は二義的問題であり、経済界の主張は当たらないという (Karrenberg, a. a. O., S. 84-89.)。
14) Karrenberg, a. a. O., S. 55、なおレンツは次のように述べている。「賃金額税の廃止と課税最低限引き上げによる営業資本税の緩和は、伝統的営業税の痕跡を保持したいという解決への道を閉ざすことになる」(Lenz, a. a. O., S. 631.)。
15) 伊東、前掲書、219ページ。
16) Lenz, a. a. O., S. 149-152.
17) Karrenberg, a. a. O., S. 55-60.
18) Lenz, a. a. O., S. 146.
19) Beratungsergebnisse der Finanzministerkonferenz am 24. Mai 1984 in Berlin, *Der Gemeindehaushalt*, 7/1984.
20) 山内、前掲論文、150ページ。
21) Karrenberg a. a. O., S. 59-60.
22) 山内、前掲論文、142-144ページ。
23) Milbrandt, a. a. O., S. 139.
24) 山内、前掲論文、151-153ページ。
25) Karrenberg/Münstermann, Gemeindefinanzbericht 1988, *Der Städtetag*, 3/1998, S. 203.
26) Ebenda, S. 203.
27) Bundesministeium der Finanzen Sekretariat der Arbeitsgruppe ‚Kommunalesteuern', *Bericht der Arbeitsgruppe ‚Kommunalesteuern' an die Kommission zur Reform der Gemeindefinanzen, vom 20. Juni 2003*. その内容については、Karrenberg/Münstermann, Gemeindefinanzbericht 2003, *Der Städtetag*, 9/2003、および本書第6章を参照されたい。
28) 2003年度の改革議論によって実現したのは以下のとおりである。租税基準額に対する営業税納付金の算定率は、旧西独州では2003年度114%から2004年度82

%、2006年度以降75％に引き下げられる。また旧東独州でも2003年度78％から2004年度46％、2006年度以降38％に引き下げられる。これによって営業税収入の連邦・州への配分シェアは旧西独州で2003年度30％から2004年度20.5％へ、旧東独州で21.5％から12.5％に低下する。市町村の営業税収入はその分だけ増加するが、これは主要には、連邦政府の減税政策の結果、所得税収入そのものが低下して所得税市町村参与額が減少（2002年度202億ユーロ→2004年度178億ユーロ）することへの対処である（Karrenberg/Münstermann, Gemeindefinanzbericht 2004, *Der Städtetag*, 1/2004, S. 7, 35, 92.）。

第3章　市町村税の共通税化と都市財政

はじめに

　第2次大戦後の長い間、ドイツの市町村税収は物税たる営業税にもっぱら依存する状況にあった。ところがその後、1970年度からの営業税納付金制度と所得税市町村参与の導入、1980年度からの賃金額税の廃止、1998年度からの営業資本税廃止と売上税への市町村参与の導入、という今日までの経緯から明らかなとおり、営業税の物税としての特徴は解体され、市町村税の共通税依存という状況が進んでいる。

　さて、かつての営業税中心税制では、個々の市町村が税率（賦課率）を操作することによって租税収入をある程度はコントロールすることが可能であったが、共通税の下では連邦ないし州レベルの統一的つまり画一的配分方式に従って市町村に税収配分される。その意味では、市町村税の共通税依存が進むと、所得税や売上税という共通税の市町村配分方式の如何が、個々の市町村税収にとって少なからぬ影響を与えるようになる。そして現実には、これまでの所得税市町村参与に関しては、前章でも触れたように大都市に不利に小規模市町村に有利に配分されてきたのである。また1998年度より従来の営業資本税が廃止されて、共通税たる売上税への市町村参与が開始されたが、この代替財源の配分方式に関わる利害得失も生じている。そしてそれはとくに都市の側からの不満として現れている。そこで本章では1990年代における市町村税収の動向を中心に、共通税化にともなう市町村間の利害対立の実態を考えてみよう。以下、第Ⅰ節では市町村への所得税配分の状況と問題点を、第Ⅱ節で営業資本税廃止

と売上税市町村参与の市町村税収への影響を明らかにし、そして第Ⅲ節では統一後10年を経た旧東独市町村の税収構造と共通税配分の影響にも触れておこう。

Ⅰ 所得税市町村配分と都市の利害

2001年度の市町村税収の構成をみると市町村に税率操作権のある営業税が35.4％、不動産税が15.8％であり、一方で共通税の市町村配分たる所得税が42.3％、売上税が5.1％であった（前章・表2-3、参照）。ただ市町村税収の構成は、個々の市町村とくに市町村規模によっても大きく異なっている。まず表3-1で市町村規模別の市町村税収構成（1997年度）をみてみよう。不動産税は市町村規模にかかわらず15～18％でほぼ同一水準にあるが、所得税と営業税は市町村規模によって大きく異なっている。つまり、大都市ほど営業税の比重が高く、所得税の比重が低い。逆に、小規模市町村では所得税が税収の半分を占め、営業税は3割程度である。そして人口5万人以上の都市になると営業税収が所得税収を上回っている。こうした税収構造のちがいは、一般に企業立地が集中する大都市ほど営業税収が豊かで、企業の少ない小規模市町村は居住住民の個人所得税に依存せざるをえないという、常識的理解に合うようにみえる。だがドイツの場合、問題はそれほど単純ではなく、所得税、営業税をめぐっては中心都市と郊外市町村の利害得失という無視できない問題を抱えているのである。例えば図3-1は1980年を基準にした市町村所得税収の推移を示している。同図に示されるように、順調に伸びてきた所得税市町村参与額も1992、1993年度以降になると縮小・停滞に転じている。その中でも、比較的規模の大きな市町村である郡格都市や大都市（図3-1ではシュツットガルト、デュイスブルク）は、市町村全体に比べてそもそも所得税収の伸びが低くなっていたことが示されている。つまり、都市財政にとっては所得税参与額水準に関しては独自の問題が含まれているのである。

さて、所得税の市町村参与額の配分は土台額（Sockelbeträge）という方式に基づいて各市町村に配分される。つまり、所得税への市町村参与は各州で徴

表3-1　市町村規模別（旧西独地域）の税収構成

(単位：％)

	所得税参与	営業税	不動産税
50万人～	32.9	50.4	16.7
20～50万人	36.5	46.1	17.4
10～20万人	36.7	47.0	16.3
5～10万人	41.1	43.9	15.0
2～5万人	44.3	40.9	14.8
1～2万人	48.9	36.2	14.9
～1万人	51.5	30.1	18.4

出所）Gemeindefinanzbericht 1999, S. 217より作成。

出所）Gemeindefinanzbericht 1997, S. 143.

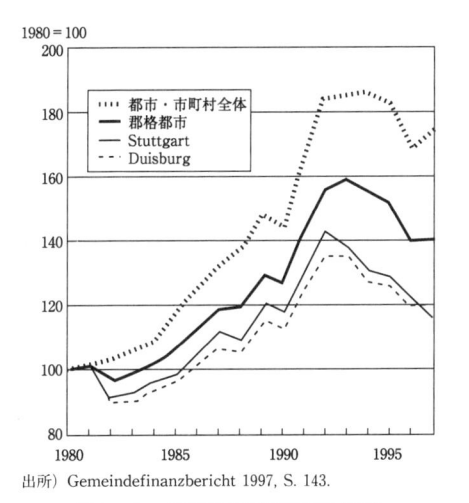

図3-1　市町村所得税収の推移

収された所得税収の15％が州内市町村財源として保障された上で、各市町村居住者の一定規準額（土台額）以下の課税所得を集計してそのシェアをもとに各市町村に配分されるのである。

　この基準額は国民の所得水準及び所得税収水準の上昇とともに改訂されてきている。表3-2に示されるように、制度発足当初の1970年度には単身者8000マルク、夫婦者1万6000マルクであった。1994年度より4万マルク／8万マルク、そして2000年度より5万マルク／10万マルクに引き上げられている。また

表3-2 所得税市町村参与の配分基準額の推移（旧西独地域）

(単位：マルク)

年　度	単身者	夫婦者
1970-71	8,000	16,000
1972-78	16,000	32,000
1979-84	25,000	50,000
1985-93	32,000	64,000
1994-99	40,000	80,000
2000-	50,000	100,000

出所) Gemeindefinanzbericht 1997, S. 148、などより作成。

出所) Gemeindefinanzbericht 1999, S. 170.

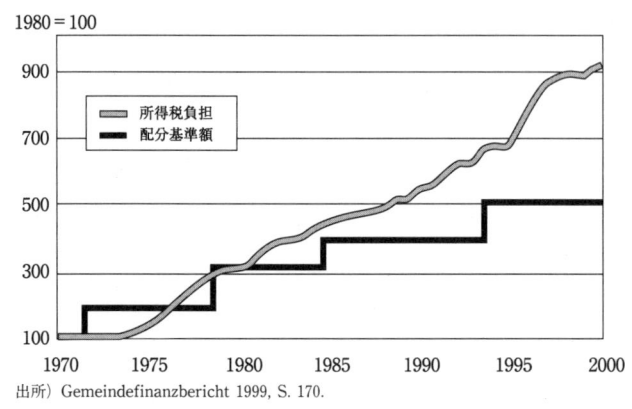

図3-2 配分基準額（Sockelbeträge）と所得税負担の推移

　図3-2からわかるように、全体の所得税収の伸びを後追いするような形で基準額が引き上げられてきたが、1990年代に入ってこの両者の伸びのギャップはやや開きつつある。

　さて、一定規準額以下の課税所得額をもとにしての市町村への所得税配分方式は、もともと大都市に不利に作用してきた。つまり現代の大都市圏化、居住の郊外化傾向の下では、郊外市町村の方が納税者となる人口及び個人所得の増加傾向が大きい。逆に、大都市ほど失業者、高齢者、年金生活者など非納税者人口の割合は大きい。かくして所得税が源泉地主義ではなく居住地主義で課税される以上、課税所得による配分は大都市よりも郊外市町村に有利となる。い

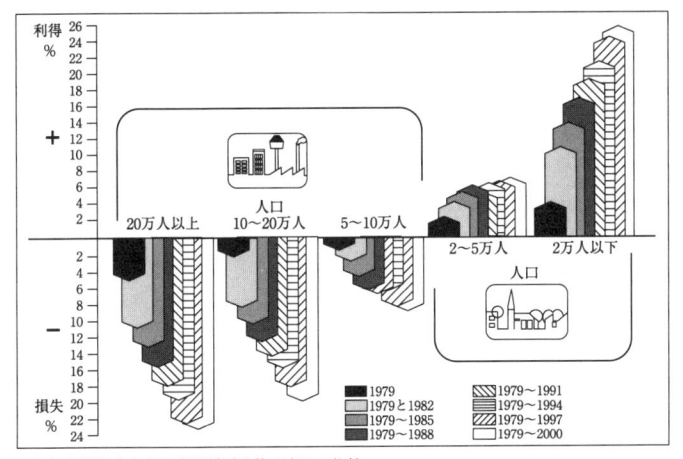

第3章　市町村税の共通税化と都市財政　67

図3-3　所得税市町村参与での再分配

注）所得税参与額の市町村平均伸び率との比較。
出所）Gemeindefinanzbericht 2000, S. 38.

ま図3-3で、市町村規模別にみた住民1人当たり所得税参与額の増加状況を比較してみよう。市町村平均と比べて、人口5万人以下の市町村は一貫して利益を得た「勝ち組」であり、5万人以上の都市は一貫して損失を被る「負け組」になっている。とくに人口2万人以下の市町村と人口10万人以上の都市のコントラストは大きく、また年度を追うごとにその格差が大きくなっているのである。いわば所得税市町村参与を通じて所得の「源泉地」たる大都市から「居住」の中小市町村への所得再分配が実施されているのである。

ところで、ドイツ都市会議は比較的規模の大きい都市の組織とはいえ、所得税参与をめぐる構成員諸都市の利害は様々であり、この制度・方式そのものの是非までは論じていないようである。ドイツ都市会議が主要に主張してきたのは、所得税収の伸びに応じて基準数値を遅滞無く引き上げる必要性である[1]。そしてこれは同時に大都市の不利性を緩和する措置にもなった。例えば、同会議の試算によれば、1997年度において基準数値が改訂されず4万／8万マルクにとどまれば都市会議の構成員都市全体で4億4000万マルクの追加的損失となるが、もし同年度に5万／10万マルクに改訂されればその追加的損失は1億

5000万マルクほど削減される[2]、という。ドイツ都市会議は試算を根拠にこの改訂を強く主張していたが、連邦参議院の反対によって1997年度改訂は実現しなかった[3]。

かくして大都市ほど所得税参与額の伸びが低くなる傾向にあるが、これは先の図3-1でみたデュイスブルク、シュツットガルト両市の例でも明らかであろう。この点をさらに中心都市と郊外市町村の関係においてより詳しくみてみよう。表3-3は、ハノーファー市、ニュルンベルク市・ヒュルト市・エアランゲン市、ミュンヘン市と周辺市町村の租税状況を比較したものである。まず全国平均に比べての1人当たりの所得税参与額の増加率では、中心都市のハノーファーは-37.8％、ニュルンベルクは-31.3％、ミュンヘンは-29％で、平均よりかなり低く、次いでヒュルトが-19.2％、エアランゲンが-10.1％と低い。反対に、周辺の郡属市町村では+60～70％の市町村もあり、概して平均より数10％は高い増加率になっている。これは所得水準の比較的高い住民層が郊外居住に移り、社会サービス受給者のますます多くの部分が中心都市に移っている現実を反映している。ところが、中心部の大都市歳出という点からみると、たとえ人口が減少しても基本的行政コストはそれに比例して減少はしないこと、また経済都市・中心都市として特別の行政需要を充足する必要があること、さらに郊外居住者は中心都市に一定のコスト発生要因になっているが、中心都市の所得税参与額においては寄与していない、などの問題がある。このような中心都市における所得税収の低い伸びと大都市行政コストのギャップは、都市に税率操作権のある物税（営業税と不動産税）を過度に利用する結果にならざるをえない[4]。とくに税収面においては営業税の意義は大きいが、表3-3によれば1995年度の営業税賦課率はハノーファー460％、ニュルンベルク447％、ミュンヘン480％、ヒュルト425％、エアランゲン410％であり、周辺市町村が300％前後であるのに対して格段に高くなっている。また不動産税においても、ハノーファー530％、ニュルンベルク410％、ミュンヘン400％、ヒュルト410％、エアランゲン390％と、いずれも周辺市町村よりもかなり高くなっていることがわかる。言いかえれば、周辺市町村は比較的高い所得税参与額の恩恵を受け

第3章 市町村税の共通税化と都市財政　69

表3-3　中心都市と周辺市町村における所得税再配分と賦課率格差

都市／市町村	所得税参与での損失と利得（％）	市町村税賦課率（％）（1995年度）	
		営業税	不動産税
中心都市・ハノーファー市	−37.8	460	530
周辺市町村			
ハメルン・ピルモント郡	19.7	307	275
ハノーファー郡	14.4	362	334
ヒルデスハイム郡	73.4	320	281
中心都市・ニュルンベルク市	−31.3	447	410
ヒュルト市	−19.2	425	410
エアランゲン市	−10.1	410	390
周辺市町村			
アンスバッハ郡	25.9	316	358
エアランゲン・ヘッフシュタット郡	53.9	319	293
フォルシュハイム郡	42.0	327	301
ニュルンベルガーラント郡	8.5	312	268
ロート郡	32.6	321	300
中心都市・ミュンヘン市	−29.0	480	400
周辺市町村			
ダッハウ郡	22.8	308	282
エベルスベルク郡	38.5	303	254
エルディンク郡	64.0	329	309
フライジンク郡	28.0	357	291
ヒュルステンフェルトブルック郡	29.9	322	285
ミュンヘン郡	23.4	318	231
シュタルンベルク郡	−2.7	303	269

注）周辺市町村とは各郡内の郡属市町村平均の数値。
出所）Gemeindefinanzbericht 1997, S. 146.

て低い物税水準を維持できているが、所得税参与での「不利益」を受けている中心都市の場合はいまやその負担の限界まで営業税及び不動産税の賦課率を引き上げてきているのである[5]。

II　営業資本税廃止と売上税市町村参与

1997年に決定された営業税改革によって長い間営業税の一翼を担っていた営

業資本税が1998年度より廃止され、その代替財源として市町村は共通税たる売上税に参与（税収の2.2％）することになった[6]。この営業資本税廃止はドイツの市町村税制にとっては少なからぬ影響を与えるものであり、決定時においても次のような問題が指摘されていた。まず地方税システムの観点から考えると、第1に、営業税から営業資本という外形課税的要素がはずされ、営業税は最終的に営業利潤税に特化することになり、本来の物税的要素が完全になくなってしまうこと。第2に、売上税市町村参与では財源は保障されるものの、市町村が税率操作権を持つ営業税に比べて自律的要素が小さく、結果として市町村の自主的・自治的税源が縮小されてしまうこと、である。またドイツ都市会議からは主に代替財源の規模、あり方に対する懸念が出されていた。つまり、第1に、売上税収の2.2％では市町村全体への代替財源としては不足しており、2.3％に引き上げる必要があること（この0.1％の差は2億5000万マルクに相当する）、第2に、売上税収の配分方式によっては市町村間で相当な利害得失、とりわけ営業資本税により大きく依存していた大都市の「損失」発生が、起きかねないこと、である[7]。

　それでは、現実には1998年の営業資本税廃止は市町村財政にいかなる影響を与えたのであろうか。1998年度、1999年度の数値をもとに簡単に検証してみよう。売上税収の2.2％は市町村財源とされたが、その85％は旧西独市町村に、15％が旧東独市町村に配分される。そして当面の配分基準としては、旧西独地域においては各市町村の過去の営業税収と就業者数に応じて、旧東独地域においては統計未整備を理由に営業税数値のみを基準に配分される。1998年度の場合、2411億マルクの売上税収があり、その2.2％、約53億マルクが市町村財源となり、旧西独市町村に約45億マルク、旧東独市町村に約8億マルク配分された[8]。そして表3－4は、旧西独地域のドイツ都市会議構成員諸都市での営業資本税廃止と売上税参与による財源収支をまとめたものである。すべての市町村を含めた財源収支ではないが、おおよその状況とくに都市財政への影響を知るには十分な資料であろう。同表によれば、旧西独地域の都市財政全体ではかつての営業資本税収（営業税納付金を除いた純収入）27億8200万マルクに対し

表3-4 売上税市町村参与による営業資本税の代替

(単位：100万マルク)

市町村規模	営業税 資本税収	売上税 参与額 98年度	営業資本 税算入率 40%	営業資本 税算入率 60%
20万人～	1,993	1,650	1,776	1,842
10～20万人	460	426	440	446
5～10万人	257	270	265	263
～5万人	71	80	76	75
合　計	2,782	2,427	2,593	2,627

収支決算 (単位：100万マルク)

20万人～	＊	－343	－216	－151
10～20万人	＊	－33	－20	－14
5～10万人	＊	＋13	＋8	＋6
～5万人	＊	＋9	＋5	＋4
合　計	＊	－354	－223	－155

収支決算 (単位：％)

20万人～	＊	－17.2	－10.9	－7.6
10～20万人	＊	－7.3	－4.4	－3.1
5～10万人	＊	＋5.1	＋3.3	＋2.4
～5万人	＊	＋12.5	＋7.9	＋5.6
合　計	＊	－12.7	－8.0	－5.6

注）ドイツ都市会議の構成員諸都市（旧西独地域）のみを対象。
出所）Gemeindefinanzbericht 2000, S. 35.

て、売上税参与額は24億2700万マルクであり、差し引き3億5000万マルクの収入減少になっている。そして人口10万人以上の都市では収入減少、10万人以下の都市では収入増加という格差が生じている。とくに人口20万人以上の大都市では3億4300万マルクの損失、17.2％もの収入減少という大きな財政的「被害」を受けていることがわかる。これは大都市ほど企業資本、経済活動が手中して営業資本という外形的要素の存在が大きかったこと、また前節でみたように大都市ほど営業税賦課率が高く設定されていたこともあって、中小都市以上に営業資本税の持つ税収上の意義が大きかったからである。そして、過去の営業税収及び就業者数に応じた売上税配分では、営業資本税に依存する度合いの

表3-5 売上税市町村参与による営業資本税代替での都市税収の損失

都　市	現行方式		新方式	
	100万マルク	%	100万マルク	%
フランクフルト・アム・マイン	−130.2	−47.7	−83.2	−30.5
カッセル	−12.0	−41.6	−7.7	−26.8
ボン	−10.9	−31.6	−5.9	−17.0
カールスルーエ	−11.6	−28.2	−6.8	−16.5
マンハイム	−10.1	−23.4	−6.3	−14.6
ミュンヘン	−43.3	−20.1	−28.8	−13.3
デュッセルドルフ	−24.7	−20.8	−15.1	−12.7
ハノーファー	−15.1	−19.7	−8.5	−11.0
ベルリン（西）	−29.0	−16.2	−16.8	−9.4
シュツットガルト	−13.3	−14.6	−8.1	−8.9
ケルン	−10.3	−8.6	−6.0	−5.0
ハンブルク	−17.0	−8.1	−10.4	−4.9

注）新方式では、営業資本税実績額（1995年度）を40％の比重で算定。
出所）Gemeindefinanzbericht 2000, S. 36.

高かった都市ほどその代替財源としては十分に機能しなかったのである。表3-5は損失を受けた代表的都市の状況を示しているが、差引き損失額ではフランクフルト市1億3000万マルク、ミュンヘン市4300万マルク、ベルリン市2900万マルク、デュッセルドルフ市2400万マルク、ハノーファー市1500万マルクと大都市が並んでいる。また収入減少率ではハーメルン市49％、フランクフルト市47％、カッセル市41％、ノイス市37％、ボン市31％などで大きな減少率を被っている。

　このような都市財政の現状をふまえて、ドイツ都市会議理事会は1999年8月26日に2000～2002年度に向けて旧西独地域の配分方式に関して次のような要求を決定した。①売上税の市町村配分基準としては「1995年度営業税統計」をもとに各市町村の営業資本税実績を用いること。なぜなら、売上税市町村参与は営業資本税の代替であり、また現行の配分方式によっては大都市は中小市町村の利益のために是認できないほど高い配分損失を被っているからである。②向こう3年間は営業資本税実績と現行方式の混合配分方式とする。それはとりわけ、たった1年度のみの営業資本税データを利用することへの配慮からである。

また新しい配分方式において営業資本税実績は少なくとも60％の比重を持つべきである[9]。

ドイツ都市会議の要求のように営業資本税実績を60％の比重で算定すると、売上税配分はどの程度是正されるであろうか。先の表3－4によれば、都市全体での収支損失は3億5000万マルクから1億5000万マルクへと2億マルクも緩和され、そしてとりわけ人口20万人以上の都市での損失が3億4000万マルクから1億5000万マルクへと大きく緩和されることになる。大都市財政にとっては大きな財政緩和策になりそうである。これらの要求を受けてドイツ連邦政府も、市町村財政改革法改正案において売上税配分で営業資本税実績を算入する案を提示したが、その比重は60％ではなく40％であった。そして実際の法案審議過程では、60％という都市会議案は各州、他団体からもそれほど大きな同意を得ることはできなかった。フランクフルト市をかかえるヘッセン州は可能な限り高い営業資本税実績の算入を主張していたが、いくつかの州やドイツ都市・市町村同盟は逆に営業資本税実績の比重の縮小を求めていた。とくに現行売上税配分方式で利益を得ている市町村が多い諸州においては、それによる州全体の税収減少はほんのわずかにすぎないのに、高い比重での営業資本税実績による修正を拒絶していた。かくして、連邦参議院財政委員会での論争を経て2000年度から2002年度までの売上税配分において、営業資本税実績は政府案どおり40％の比重で算入されることになった[10]。当然ながら60％案に比べて40％案によっては、大都市財政緩和への効果は縮小されてしまっている。表3－4によれば、先述のとおり人口20万人以上の大都市では現行方式による損失3億4000万マルクから60％案では1億5000万マルクに縮小されるのに、40％案では2億1000万マルクへの縮小にとどまってしまうのである。また表3－5で個別都市の財政収支をみると、確かに40％案でも現行方式による配分よりも諸都市の損失は縮小しているが、例えばフランクフルト市では依然として8300万マルク、30％もの収入減を被っている状態にある。

ところで、このような利害対立に基づいた配分論争を経験して、ドイツの都市サイドは次のような立場を強めることになった。つまり、営業税部分の一層

の削減代償として売上税への市町村参与を高めることは考慮の対象になりえない。なぜなら、営業資本税と売上税収入への市町村・都市参与の交換だけですでに、多くの都市にとっては大きな損失取引であったからである。また、予想される2003年度以降の最終的配分方式をめぐっての目前に迫った対立の中で、営業資本税損失を考慮した専門的に適切な決定を、中小市町村らの「利益保守者」による抵抗が妨げてしまい、それに伴って都市の配分損失がさらに強められ、長く固定されかねない、という都市サイドの心配も強まってしまった[11]。

III　旧東独地域の市町村税収問題

　1990年に東西統一されて10数年間が経過したが、州財政及び市町村財政の東西格差はまだ相当に大きい。それでも当初は混乱、停滞していた旧東独地域の経済や市町村財政も、旧西独地域からの財政支援を受けて次第に体制を整えつつあることも事実である。そこで最後に、統一後10年を経た1990年代末の旧東独地域の市町村財政とくに地方税収の状況と、所得税参与方式及び売上税参与方式をめぐる制度変更が旧東独地域の市町村財政に与える影響を考えてみたい。まず表3-6で、1999年度の市町村歳入構造をみてみよう。連邦・州交付金の比重が旧西独地域では27.4％にすぎないのに、旧東独地域市町村では55.2％も占め、今なお西からの財政援助に大きく依存している状況にある。一方、租税収入は旧西独地域での39.7％に対して、旧東独地域では16.1％にすぎない。自前の租税収入では市町村財政の約8分の1しかまかなえていないのである。1人当たり租税収入を旧西独地域水準と比較すると、所得税、営業税は30％台であるが、売上税だけは70％台に達している。売上税の水準が相対的に高くなっているのは、売上税市町村参与分の15％が旧東独地域に配分されていることを反映しているのであろう。また表3-7は、旧東独地域の市町村税収の推移を示している。当初は所得税が半分以上を占めていたが、企業活動の進行とともに次第に営業税収の比重が高まっている。そして不動産税が税収の4分の1近くを占めて、旧西独地域とは異なり、税収面で大きな意義を持っていることも

表3-6 市町村歳入の構成（1999年度）

(単位:%)

	旧西独地域	旧東独地域	旧東独地域の1人当たり税収（旧西独地域＝1.00）
租税収入	39.7	16.1	0.39
営業税	15.3	5.4	0.34
売上税参与	1.9	1.4	0.72
所得税参与	16.2	5.1	0.30
使用料・手数料	14.2	9.5	0.66
連邦・州交付金	27.4	55.2	―
その他とも合計	100.0	100.0	―

出所）Gemeindefinanzbericht 2000, S. 87より作成。

表3-7 旧東独地域・市町村の税収構成

(単位:%)

	1993年度	1996年度	1999年度
営業税	21.2	31.7	33.6
売上税参与	―	―	8.9
所得税参与	56.7	40.8	31.4
不動産税	20.6	25.9	24.5
その他税収	1.5	1.6	1.6
合　計	100.0	100.0	100.0

出所）Gemeindefinanzbericht 2000, S. 90より作成。

特徴的である。また売上税市町村参与分は、99年度で税収の1割弱の水準にある。さらに表3-8は、市町村規模別の税収構成を比較したものである。旧西独地域では大都市は営業税、小規市町村は所得税を中心にするという、一定の税収構成のちがいがあったが、旧東独地域の市町村では市町村規模による明瞭な差としては現れていない。これは、主要には大都市での企業活動がまだ不十分で、営業税収に反映しないことによるものであろう。

さてこのような旧東独地域の市町村財政にとって、所得税及び売上税への市町村参与の配分方式のあり方は、旧西独地域と同様に少なからぬ影響を与えている。旧東独地域での所得税市町村参与の基準所得額は99年度では2.5万／5万マルクに置かれていた。表3-9に示されるように、1人当たり所得税収配

表3-8 旧東独地域・市町村規模別の税収構成
（1999年度）

(単位：％)

市町村規模	営業税	所得税参与	売上税参与
20万人～	32.6	34.4	9.5
10～20万人	24.8	29.0	10.9
5～10万人	29.3	37.0	8.7
2～5万人	33.8	34.0	9.2

出所）Gemeindefinanzbericht 2000, S. 96-97 より作成。

表3-9 旧東独地域・所得税市町村参与への基準所得額改訂の影響

(単位：％)

市町村規模	2.5万／5万マルク	3.2万／6.4万マルク	4万／8万マルク
20万人～	－7.9	－4.6	－1.7
10～20万人	－9.4	－6.4	－3.9
5～10万人	－8.1	－6.5	－5.3
2～5万人	－4.4	－4.4	－4.6
1～2万人	＋0.9	＋0.2	－0.4
0.5～1万人	＋4.9	＋3.6	＋2.7
0.3～0.5万人	＋8.8	＋6.7	＋5.1
～0.3万人	＋12.0	＋8.8	＋6.3

出所）Gemeindefinanzbericht 2000, S. 40.

分増加額は、人口2万人以上の都市では不利に、人口2万人以下の市町村では有利な結果になっている。大都市と小規模市町村の利害対立は旧西独地域と同様に存在しているのである。連邦政府の法案では2000年度より基準額を4万／8万マルクに引き上げることになっているが、これによってかなりの格差緩和が見込まれている。ただ旧東独地域では個々の都市の特殊事情要因も大きく、同じような人口規模の都市でも、旧西独地域ほどにはその影響は均一ではないようである。例えば、エルフルト、ドレスデン、ライプチッヒ、ハレのような大都市では基準額引き上げによって損失が完全に相殺されるか、いくぶん過剰補償されるケースがある。また他方では、基準額引き上げにもかかわらずまだ相当な損失を被る都市もある。住民流失が続くケムニッツ市は、この新配分方式によって最大の損失都市となり、また大規模な住民移動がある国境地域の諸都市にも損失は大きい[12]、という。

また、売上税配分に関しては、旧東独地域では営業税収入のみを基準にされてきたが、連邦政府法案では2000年度より個々の市町村の営業税収入（1997年度分）と就業者数（1996〜1998年度）を70：30の比重で算入することになる。連邦統計局の試算では、この新しい配分方式によっては、大都市には損失が発生し、人口3000人以下の市町村では利益が生じるという。とくにドイツ都市会議の構成員である人口10万人以上の大都市全体では98／99年度配分に比較して約3500万マルク、売上税収の10％の損失となる。このような就業者数を算定基準に加えた新たな配分の試算結果を受けて、ドイツ都市会議理事会は1999年8月26日に、旧東独地域では配分基準に就業者数を加えることを中止すべく要求することを決定した。だが、旧東独州でこの方針を支持したのはザクセン州のみであり、2000〜2002年度の売上税配分は政府案通りに実施されることになった[13]。

おわりに

　1970年代以降のこれまでのドイツ地方税制改革は、営業税の解体・縮小と共通税依存という方向にあった。だがこれは都市財政の視点からみると、一方では共通税配分における都市とくに大都市財政の不利益の問題があり、他方では税率操作権を欠く税収が増えて自律的・自治的財政運営の余地が狭まるという問題が含まれていた。本章での所得税及び売上税参与をめぐる1990年代都市税収の動向の検討によって、この問題が一層深まっていることが確認できたのではないだろうか。

　これまでの共通税化の実態経験に照らして都市サイドからすれば、これ以上の営業税縮小は認めがたいものとなっている。だが一方で、営業利潤税化してしまった現行営業税は、税収変動性、地域的偏在性、大企業課税性などの問題を抱えたままであり、本来的に目指されていた応益課税的な物税から乖離してしまい、また他方では経済界・企業サイドからの営業税解体要求も弱まりそうにない。いずれにせよ矛盾を抱えた現行営業税では、都市財政にとっても不安

定要素が少なくない。都市財政の立場からはこれまで営業税の再生・現代化や地方付加価値税も主張されてきたが、これまでのところ実現の展望はない。加えて、旧東独地域の市町村も共通税配分での利害得失に関与し始め、税収配分をめぐる市町村間の利害対立もより複雑化しうる可能性もある。かくして、21世紀の分権型社会を支える地方税源をどこに見出すべきか、ドイツ都市財政においてもまだ未解決の課題である。

注
1) Hanns Karrenberg/Engelbert Münstermann, Gemeindefinanzbericht 1997, *Der Stätdetag,* 3/1997, S. 148-149.
2) Ebenda, S. 146.
3) Karrenberg/Münstermann, Gemeindefinanzbericht 2000, *Der Stätdetag,* 4/2000, S. 38.
4) Karrenberg/Münstermann, Gemeindefinanzbericht 1997, S. 146.
5) Ebenda, S. 146-147.
6) ドイツ市町村での営業資本税廃止と売上税導入については、中村良広「ドイツ市町村売上税参与の導入と地方自治」『自治総研』1999年12月号、天野史子「ドイツ付加価値税と地方財政」『地方税』2002年11月号、も参照。
7) Karrenberg/Münstermann, Gemeindefinanzbericht 1998, *Der Stätdetag,* 3/1998, S. 203.
8) Karrenberg/Münstermann, Gemeindefinanzbericht 1999, *Der Stätdetag,* 4/1999, S. 169
9) Karrenberg/Münstermann, Gemeindefinanzbericht 2000, S. 36.
10) Ebenda, S. 36-37.
11) Ebenda, S. 37.
12) Ebenda, S. 39-40.
13) Ebenda, S. 37.

第4章　ドイツにおける地方所得税構想
——トレーガー委員会『勧告』(1966年) を中心に——

はじめに

　第2次大戦後のドイツにおける市町村税改革とは市町村税収の中で圧倒的比重を占める営業税改革の議論であり、それはまた営業税の縮小・廃止にともなう代替税源をどこに見出すべきかという議論でもあった。その際、市町村の自治的税源としての地方所得税も有力な代替財源の一つとして絶えず注目されてきた。実際にもドイツの財政史をみれば、第1次大戦前にはプロイセン邦などでは邦所得税への市町村付加税として、1920年代・ワイマール期には州所得税の市町村分与として、1930年代には市町村の公民税導入など、市町村財政において所得税は一定の比重を占めていたのである。その意味では営業税改革の一方向として市町村に地方所得税を導入するのは十分にありうる選択であろう。

　さて、第2次大戦後の西ドイツにおいていち早く体系的な営業税改革としての市町村所得税導入を提起したのは1966年3月のトレーガー委員会『勧告』であった[1]。この通称トレーガー委員会とは、連邦財務大臣ダールグリューンの提案の下に、1964年3月20日の連邦首相及び各州財務大臣出席の会議の中で設置が決定された財政改革専門委員会であり、①連邦と州の支出と租税収入のあり方、②営業税を中心にした市町村財政・租税システムのあり方、③長期的な経済政策、を主要な検討課題にしていた。この専門委員会は当時の連邦中央銀行副総裁トレーガー（Troeger）を委員長に5人の専門委員より構成され、1964年3月から1966年1月までに計45回の会議を経て、1966年3月に財政改革に関する広範な『勧告』（本文・付属資料、計275ページ）をエアハルト連邦首

相に提出した。全6部のうち第4部が市町村財政改革にあてられている[2]。周知のとおり、このトレーガー委員会『勧告』による市町村所得税という構想そのものは実現しなかった。『勧告』の後の市町村財政改革法（1969年）によって実現したのは、営業税納付金制度と所得税への市町村参与の導入であり、『勧告』構想とはやや別の姿の営業税改革であった。

　そこで本章ではトレーガー委員会『勧告』による市町村所得税構想とは、営業税改革の一手段としていかなる論理構造と意味をもっていたのかを明らかにするとともに、実現にいたらなかった背景としての『勧告』構想の問題点や限界を検討することにしたい。構成は以下のとおりである。第Ⅰ節では、『勧告』による営業収益税批判の論点と、営業税改革の方向を整理する。第Ⅱ節では、営業収益税廃止の代替税源としての市町村所得税が『勧告』においてどのように位置付けられているかを明らかにする。第Ⅲ節では、『勧告』の意図する市町村所得税が、現実には負担の公平性や個別市町村とくに大都市にとっては軽視できない問題を含んでいることを、『勧告』付属資料を使って検証する。第Ⅳ節では、連邦、州、市町村の立場からみてのトレーガー委員会『勧告』に対する評価をとりあげ、市町村税改革の当事者からは全体としてやや消極的な扱いを受けていたことを明らかにする。

Ⅰ　『勧告』における営業税批判

(1)　営業収益税への批判

　トレーガー委員会が1960年代半ばにおいて新たな市町村税システムの導入を提起した背景には、市町村税における営業税の比重が顕著に上昇したことと、その営業税とりわけ営業収益税には市町村税としては様々かつ重大な欠陥が内包されているという状況認識があった。

　市町村税収に占める営業税の比重は1894年には2.3%、1913年には11%、1931年には19%であったが、1964年には約80%にまで上昇してきた。営業税は

第2次大戦前にはあくまで主要な市町村税の一つにすぎなかったが、1960年代になると市町村税の大半を占めることになったのである。このような営業税の比重の急上昇の原因には『勧告』によれば、その一部は確かに営業税賦課率の引上げもあるが、その最大部分は工業化の成果と当時の営業税収の87％を占めていた営業収益税の高い税収弾力性によるものであった。

そして一方での営業税のこのような発展は、他方での不動産税の硬直性とその他の市町村税の持続的後退と結びついて、市町村税システムを歪めてしまっている。かくしてトレーガー委員会は、営業税問題に対する改革をこれ以上回避することはできない、という見解に達したのである[3]。

『勧告』は営業収益税について次の六つの問題点を指摘している[4]。

第1に、営業収益税は租税システムの観点からも問題がある。営業収益税は元来、包括的な所得課税が形成される以前には合理性をもっていた収益税の残滓である。19世紀末に国家（邦）レベルで所得税が形成されるとともに、収益税は邦から市町村に移譲されることになった。しかし市町村税収の中心は、人税的な邦所得税付加税であり、物税としての営業税は不動産税とともに補完的な市町村税の位置付けであった。ところが第2次大戦以降現在にいたると営業税は、本来は物税であったものが収益税を中心に人税的要素が強くなり、営業収益という所得への追加的負担になっている。その上、営業税の位置が市町村税収における補完的なものから中心的なものに変化することによって、その問題性が大きくなっている。

第2に、現状の営業税では市町村負担が不均衡に配分されている。経済の発展と、営業収益税での何度もの課税最低限引上げによって、営業税の大部分が極めて少数の納税義務者によって負担されるようになってしまった。1958年の営業税統計によれば、営業税納税義務者の5.1％（7万6800社）だけで営業税収の77％、つまり全市町村税収の66％を負担していた。そしてこの7万6800社とは国内の全営業税数の0.03％にすぎないのであり、このような状況では市町村内における適切な租税負担を語ることはできない。

第3に、現行の営業収益税は自治体財政運営にとって景気感応性が強すぎる。

営業税とくに営業収益税は、所得税や法人税と同様に極めて高い収入伸長性がある。これは支出の増大する公共財政にとって望ましいが、他方では経済後退期には相当な収入減少を覚悟しなければならないというリスクもある。このような税収変動は、所得税や法人税では一国の全体経済で調整可能であろうが、営業収益税は特定の市町村という限定された地域内で徴収されるため、地域経済の変動によって市町村財政の安定性は損なわれてしまう。また市町村税収が過度に景気弾力的であると、好況期には投資的経費だけでなく経常的経費でも安易な支出拡大を招くことになり、不況期における税収低下にうまく適合できなくなってしまう。

　第4に、営業収益税は結果的に市町村間の過大な税収力格差をもたらしてしまう。税収力は大都市と小都市の間だけでなく、同規模市町村の間でも有力企業の立地するか否かで相当な格差が生じている。そして大多数の小規模市町村は高い賦課率を課しているにもかかわらず十分な営業税収入をあげられず、その行政課題も不十分にしか達成できないでいる。企業立地市町村とその従業員の居住地市町村との間で営業税収を調整する営業税調整制度（Gewerbesteuerausgleich）もすべての州で導入され実施されているが、税収格差是正にはそれほどの効果を発揮していない[5]。

　第5に、営業収益税の現行の形態は企業競争を歪め、健全な空間秩序を配慮しない企業立地選択を導いてしまう。営業収益税は競争中立性という課税原則に反している。つまり営業収益税の課税強化がなされれば、賦課率格差によって企業の競争条件に著しい影響を与えることになるのである。

　第6に、ヨーロッパ共同市場における租税調和は、営業収益税においても可能なかぎり取り入れるべきである。つまりオーストリアやルクセンブルク、そしてフランス、アメリカを除けば現代国家においてドイツの営業税に類似の租税は存在しない。それゆえヨーロッパ経済共同体（EEC）内で租税を段階的に調和させる場合には営業税もこれに含めることを拒否すべきではないのである。

　以上のような営業税の六つの問題点を指摘した上で『勧告』は次のように述

べて営業収益税廃止を結論する。「これらの根拠はすべて、営業収益税は今日の状況においても今後の見通しからみても疑念のある租税であることを示している。委員会はこの疑念を重大に受けとめ、新しい市町村税システムのモデルの中では営業収益税の余地はないとみなす」[6]。

(2) 営業資本税と賃金額税の維持——営業税の物税化の徹底——

1960年代当時の営業税には営業収益税のほかに、基本的に営業資本額を課税ベースとする営業資本税と、従業員に支払われた賃金額を課税ベースとする賃金額税があった。

この両税は外形標準課税であり、物税としての営業税の特徴を端的に表わすものであった。その税収規模は1964年度では営業資本税が約14億マルク、賃金額税が約6.6億マルクであった。営業資本税はすべての州の市町村で課税されていたが、賃金額税の課税市町村は西ドイツ西部の州に偏りバイエルン州など南部の市町村では課税されていなかった。賃金額税の収入規模はとくにノルトライン・ヴェストファーレン州に集中しており、1962年度には全収入の78％が同州内市町村によるものであった[7]。

営業資本税と賃金額税に対しても営業収益税の場合と類似の疑念が一般に指摘されているが、とりわけ賃金額税に対する反発が大きい。それは『勧告』によれば次のようなことである。第1に、賃金額税は連邦基本法第3条に定める平等原則に反する。つまりこの税は特定の地域でのみ徴収されて、企業競争に歪みを与えてしまう。第2に、賃金額税では労働集約企業がより強く課税されるという租税負担の不均衡を招いてしまう。労働集約企業は売上額に比較すると相対的にわずかな収益力しかなく、とりわけ中小企業はそうである。第3に、個々の企業の従業員が市町村に引き起こす負担に対して、賃金額は決して適切な課税ベースではない。なぜなら個々の事業所での賃金・俸給額は様々に異なるが、従業員諸個人の市町村への要求は平均的には同等であるからである。第4に、労働力不足と賃金コスト上昇という中で、経済界は賃金額税による賃金・俸給への追加的負担にこれ以上は耐えられない[8]。

他方、営業資本税に対しても、租税システム的に財産税と競合すること、営業収益税と同様の体系的欠陥があること、赤字企業においては資本実体から徴収されてしまうこと、などの非難が寄せられていた[9]。

トレーガー委員会はこのような批判を吟味した上で、あえて新しい市町村税システムの中にあっても営業資本税の維持と、賃金額税の全市町村での実施を決定する。『勧告』によれば、これは時代遅れの等価理論（Äquivalenztheorie）を復活させることではない。むしろ営業課税によって形成される経済と市町村の直接的な財政関係が、両者にとっても利点になることが周知の事実だからである、という理由である。経済にとっては、市町村が企業活動の条件を喜んで整備してくれることが重要であり、市町村にとっては経済が引き起こす一定の費用と負担をがまんすることも重要になる。つまり市町村にとっては、その区域内に経済とりわけ工業があることは租税的になお十分に魅力的であり続けるし、経済にとっても自分たちの希望を市町村に要求することができるからである[10]。

また『勧告』によれば、営業資本税と賃金額税は、営業収益税に比べて税収の弾力性や伸長性では劣るが、逆に税収規模が本質的に小さいゆえに経済内の競争への影響もそれほどではない、という利点がある。さらに賃金額税を全市町村に導入することへの疑念に対しては、営業収益税廃止の後には営業資本税だけでは企業課税が一面的になってしまうこと、また収益課税を断念するなら資本と労働力という二つの生産要素への課税が必要であることが強調される[11]。

さて『勧告』の試案によれば改革によって営業資本税と賃金額税は次のようになる。営業資本税については、租税指数は0.2％に維持されるが、各市町村での平均賦課率は271％から400％に上昇するとし、実質負担率は5.42％から8.00％に上昇する。一方、賃金額税については租税指数は現行の0.2％から0.4％に引き上げ、各市町村での平均賦課率は780％から400％に低下するとして、実質負担率は15.60％から16.00％へとほぼ同水準に保たれる。1964年度の営業資本約2600億マルク、賃金額約1500億マルクという課税ベースを基準にすれば、改革によって見込まれる新たな営業税収は約45億マルクとなる。1964年度の実

際の営業税収入は約100億マルクであったから、営業収益税廃止によって市町村は約55億マルクの税収不足となり、その補塡財源が必要になる[12]。

II 『勧告』の市町村所得税構想

(1) 市町村所得税の導入

　トレーガー委員会が求める営業税改革を実現するためには、それにともなって生じる市町村の収入減少が十分に補償されるものでなければならない。その際、そうした収入に関して相当程度に市町村の固有の決定に任されるべきというのが委員会の立場であり、それ故いかなる形式であれ中央からの補助金は税収減少分の補償としては除外される。
　『勧告』が市町村の新しい収入源について特に重要と考えるのは、できる限り広範囲の住民と関わりをもち、それによって市町村の運命に住民が直接的に関心をいだくようになることである。前述のように営業税はこの要件に適合しない。その意味では所得もしくは消費を課税ベースにした一般的市町村税のみがこの条件を満たしうる。しかし市町村売上税（Gemeindeumsatzsteuer）は、当時の西ドイツ国内において売上税から付加価値税への切り替えの議論の最中であり、当面は新たな市町村税の検討対象とはなりえない。そこで、新しい市町村収入源としては市町村所得税の適切な形態のみが残ることになる[13]。
　さて、市町村所得税を構想するにあたって『勧告』が特に重視していたのが、営業収益税の本質的欠陥でもある、住民一人当たり税収の著しい市町村間格差は回避せねばならない、ということであった。それ故、市町村所得税は連邦・州税所得税の累進税率部分ではなく、所得税の下層の比例税率部分と関連させることが提案される。そのように限定された市町村所得税では、市町村間の税収力格差は現行の営業収益税よりも相当に小さくなり、またいくつかの市町村などの過大な収入過剰も縮小される、というのである。
　さらに市町村所得税は居住地原則で課税されるため、今日の市町村財政需要

を規定する住民の数に関連してその収入は市町村にもたらされる。つまり従来は営業税調整制度によって企業立地市町村と居住地市町村の間で一定の収入調整がなされていたが、今後はこの新しい租税システムによって居住地市町村の租税基盤は直接的に解決されることになる。また市町村所得税によって平均以下の産業立地しかない行政都市や教育都市の財政の弱さも改善されることになる[14]。

なお市町村所得税の形成にあたって『勧告』は次の三つの観点を強調している。つまり、第1にその徴収に際して社会的な困難を避けるべく負担能力に適合的な租税でなければならないこと、第2に新しい市町村所得税は全体として租税負担増加をなるべくもたらさないこと、第3に新税が徴税事務の負担増大とならないことである[15]。

『勧告』が構想する市町村所得税の構造とは具体的には次のとおりである[16]。第1に、当該市町村は居住する所得税納税義務者の所得税のうち最低の比例税率（19％）が適用される所得税額の一定割合のみを市町村所得税とする。これは1964年時点では独身者の場合は年額8010マルクの所得部分、既婚者の場合は1万6020マルクの所得部分に相当する。

第2に、市町村所得税の収入規模を営業税改正による減収額約55億マルクに対応させるならば、所得税の比例税率（19％）部分の38％が市町村所得税となる。つまり所得税の負担総額は不変であり、市町村所得税だけ連邦・州の所得税収入が減少する。

第3に、市町村は物税の場合と同様に、市町村所得税においても一定の賦課率操作権をもつ。各市町村は80％、90％、100％、110％、120％の5段階の賦課率を選択できる。

課税所得8010マルクの独身者を例にとると次のようになる。①適用される所得税率は最低の19％のみで所得税額は1202マルクになる。②このうち38％つまり460マルクが市町村所得税になり、連邦・州の所得税収は残りの742マルクとなる。③居住地市町村が80％の賦課率を選択すれば市町村所得税は92マルクの負担減少、120％の賦課率を選択すれば92マルクの負担増大となるが、連邦・

州の所得税収は742マルクで不変である。

(2) 市町村所得税の問題点

このような市町村所得税の構想に対しては当然いくつかの疑念が予想される。これについて『勧告』はあらかじめ八つの疑念を取り上げ、反論している。その八つの疑念を筆者なりに整理すると、次の四つのポイントに分けられよう[17]。

第1は、租税体系ないし税収上からみた市町村所得税の問題点である。

①所得税や法人税は景気政策上の観点から重要な租税であり、景気政策の主要な担い手としての連邦政府にもっぱら税収が帰属されるべきであり、他の公共団体の事情を考慮することなく景気政策の要請に応えるべきではないか。これに対して『勧告』は、市町村所得税は法律的には一般的所得税の一構成部分にすぎず、連邦政府は引き続き税率変更の権限を有するので問題にならないという。

②広範な租税調和がなされる時代において、地域間で異なった所得課税がなされるのは不適切ではないのか。こうした異論に対して『勧告』は、地方自治が重要視される国においてはその実現のための財政的前提条件を確保しなければならないこと、そのためには収入に関して可能なかぎりの自己責任的決定が必要であることを強調する。租税調和と地方自治という相反する要求に関しては、提案されているように課税の可動性が比較的に限定される限りにおいて、『勧告』は基本的には地方自治を優先するという。

③営業収益税は税収弾力的であり市町村予算を極めて景気感応的にしてきたが、市町村所得税は営業収益税ほどの税収成長はまず期待できないという批判がある。これに対して『勧告』は、むしろ税収の安定性を新しい税源の利点と認識する。加えて、所得税の比例税率部分は確かに累進税率部分ほどは増加しないが、所得税成長の相当な規模に参与することが可能になる。ちなみに1961年度から1965年度までの所得税収増加率では、累進税率部分の69％に対して比例税率部分は58％であった。

第2は、租税負担のあり方に関わるものである。

①営業収益税を廃止して市町村人税を導入することは、従来狭い範囲の市町村住民から徴収されていた営業収益税を、広範な市民に課税される人税で置きかえることである。つまり、このような租税構成の重大な変更とそれによる租税負担の移動には疑念が起きる。これに対して『勧告』は、市町村所得税の導入は基本的に所得税負担を変化させるものではなく、営業税減収はその他の租税手段によって調整されるべきであるから、こうした批判には根拠がないとする。

　②市町村所得税の最高賦課率は高額所得者に対して不当に優遇することになるのではないか。これに対する『勧告』の見解は、市町村所得税を導入しても全体としての所得税負担額は不変であり累進的負担が維持されること、ただ市町村が110%、120%の賦課率を選択した場合には高額所得層へ相対的にわずかな優遇が発生するが、これは他の分野での租税負担増加によって十二分に相殺されるので問題はない、というものであった。

　第3は、市町村所得税と地方自治との関連についてである。

　①自治的な賦課率によって租税負担差異化が市町村に委ねられたといっても、実質的には大きな意義をもたないのではないか。『勧告』によれば、こうした批判は差異化の意味を誤解している。つまり重要なのは、市町村議会が需要に応じて賦課率を変更しうる根拠をもつことであり、これを通じて市町村議会の支出決定と住民の租税負担の関係が確立されることなのである、と。

　②市町村所得税は所得税非課税者には課税されないので、できる限り広範囲の住民を捕捉するということは達成できないのではないか。これに関して『勧告』は、市町村所得税の課税対象の拡大は弱者課税という社会的な苦しみと徴税技術上の困難ゆえに断念するが、しかし政治的に関心のある住民の大多数は自分自身が所得税で捕捉されるか、もしくは家族関係を通じて間接的に市町村所得税に接触していることを強調する。

　第4は、市町村所得税の導入は、企業や税務当局により一層の徴税上の負担をもたらすのではないか、という批判である。これに対して『勧告』は、この規模の租税での行政負担は最小限に縮小することが可能であり、企業への追加

的負担は企業立地市町村と居住地市町村の間での営業税調整制度が廃止されることによって相殺されるはずという。

III 『勧告』による市町村税改革とその問題点

さてトレーガー委員会による市町村税改革構想は全体としてみるならば、市町村における自治的租税の強化、市町村税収の安定化、市町村間の税収力格差の是正を重視していることを指摘できよう。市町村税改革におけるこれらの目標は一面では確かに適切であるが、他面では個々の市町村財政や納税者住民にとっては見過ごせない問題も発生しうることも事実である。いくつかの問題点については前節でみたように『勧告』の中でも一定の反論が試みられているが、やや紋切り型という印象も否めない。とくに市町村所得税負担における逆進性の問題や、改革による市町村税収への影響は重要であると考えられるので、以下いま少し吟味してみよう。

(1) 市町村所得税の逆進性

営業収益税廃止による減収分は市町村所得税の導入によって相殺される。これは二つの意味において市町村の自治的税源の強化になるとされる。一つは、従来一部の住民（企業）に負担が集中していた営業収益税に代わって、住民の大半が負担する所得税最低税率に関連した市町村所得税が導入されることによって、市町村財政と住民の関連がより強化される。いま一つは、市町村所得税では80〜120％の範囲内で各市町村での賦課率操作権が認められ、この賦課率操作を通じて市町村での財政支出は住民負担との緊張関係の中でより合理的・自治的に決定されることになるはずである。

しかし市町村所得税は、所得税の最低税率部分の一定割合に限定される。『勧告』案のように市町村配分を38％とし、市町村賦課率を100％と仮定すれば、納税者各人の市町村所得税負担額は最大でも460マルクである。つまり課税所得がいかに高額でも納税者の市町村所得税は460マルクに限定されるのである。

表4-1 所得階級別の市町村所得税負担率（独身者・50歳以下）

(単位：マルク・％)

給与所得	課税所得(A)	給与所得税	うち市町村所得税（B）			市町村所得税負担率B／A		
			賦課率80%	賦課率100%	賦課率120%	賦課率80%	賦課率100%	賦課率120%
6,000	4,160	467	149	186	223	3.6	1.5	5.4
8,000	6,160	849	271	339	407	4.4	5.5	6.6
10,000	8,160	1,231	384	480	576	4.7	5.9	7.1
18,000	14,960	2,864	384	480	576	2.6	3.2	3.9
24,000	21,060	4,463	384	480	576	1.9	2.4	2.9

(出所) Kommission für die Finanzreform, *Gutacten über die Finanzreform in der Bundesrepublik Deutschland*, 1966, S. 231.

このような定額税的な租税は、住民の負担能力からみた場合には逆進的な負担にならざるをえない。

そこで『勧告』の付属資料から作成した表4-1をみてみよう。この表は給与所得階級別にみた独身者（50歳以下）の市町村所得税の負担水準・負担率を比較したものである。なおここでは所得税の市町村配分比率は38％ではなく40％に仮定されている。所得税の最低税率が適用されるのは課税所得8010マルクまでであり、それを超過する給与所得1万マルク以上の階級では市町村所得税は480マルク（賦課率100％）で一定である。その額は賦課率120％では576マルク、賦課率80％では384マルクになる。そして注目すべきなのは、課税所得に対する市町村所得税の負担率が予想されるように、所得階級が上昇するにつれて低下する逆進的な構造になっていることである。市町村賦課率100％の場合には、給与所得1万マルクでの5.9％をピークに次第に低下し、給与所得2万4000マルクでは2.4％になっている。また所得1万マルクと2万4000マルクの負担率格差をみると、賦課率80％で2.8ポイント、賦課率100％で3.5ポイント、賦課率120％で4.2ポイントと増加しており、市町村が市町村所得税を増額すべく高い賦課率を選択すれば、それだけ市町村所得税の逆進的な度合いが強まることになる。こうした逆進的負担という批判に対する『勧告』の立場はすでに述べたように、そもそも市町村所得税は人的負担能力に配慮した所得税の一部であること、高額所得層のわずかな優遇はその他の租税負担によって相殺され

ている、というものであった。とはいえ、市町村の自治的税源という要素を前面に出した市町村所得税そのものにおいては、住民の負担能力に対応した租税という側面はやや後退していると言わざるをえない[18]。

(2) 市町村財政の問題点

　営業収益税は税収の所得弾力性が強く、かつその税源も経済中心都市や企業立地市町村に偏在する。この営業収益税を廃止して、営業税を外形標準課税（営業資本税と賃金額税）のみとし、また定額税的な市町村所得税を導入すれば、市町村税収は相対的に安定化し市町村間の税収力格差も是正されることになろう。しかし同時にここには二つの問題が発生することになる[19]。

　一つは、市町村税収の伸長性が低下して、連邦・州・市町村の租税収入総額に占める市町村の比重が低下しかねないことである。総税収に占める市町村税収の比重をみるとすでに1961年度の13.7%から1965年度の12.5%へと低下傾向にあり、伸長性に富む営業資本税が廃止されればこの傾向はさらに促進される可能性が高い。市町村の行財政需要が拡大している中で、自治財源の中心である市町村税収の比重が低下していくことは問題であろう。

　いま一つは、改革によって経済活動の中心地である大都市の税収力が相当に弱体化されてしまうことである。『勧告』案のように営業収益税による減収分約55億マルクを相殺するように市町村所得税額を設定すれば、市町村全体の税収額は補償される。しかし、従来から企業活動が集中して営業収益税が豊富であった大都市では、定額税的な市町村所得税では当然ながらその減少分を補償できないであろう。表4-2は『勧告』付属資料によって作成したものであるが、1961年度の税収統計を基に西ドイツの代表的な六つの大都市の改革による市町村税収の変動を示している。デュッセルドルフ市で29.0%の減少、フランクフルト市で23.1%の減少、シュツットガルト市で19.5%の減少など、大都市は『勧告』案ではかなりの税収減少になることがわかる。なお『勧告』付属資料では81の郡格都市のケースを試算しているが、一人当たり営業税収入の順位でみると41位（ヴィースバーデン市、一人当たり営業税収入183マルク）まで

表4-2 営業収益税廃止と市町村所得税導入による都市税収への影響

(単位：100万マルク)

都　　市	一人当たり営業税収入（マルク）	税収総額 A	営業収益税収 B	市町村所得税収 C	税収増減 C－B	減収率 (C－B)／A ％
デュッセルドルフ	366	270	162	84	－78	－29.0
フランクフルト	347	291	155	88	－67	－23.1
シュツットガルト	337	235	129	83	－46	－19.5
ケルン	240	249	118	89	－29	－11.7
ミュンヘン	230	330	153	121	－32	－9.6
ドルトムント	209	168	68	56	－12	－6.9

注） 1961年度の税収統計を基に試算。
出所） *Gutachten*, S. 234-235.

の都市は、改革によって多かれ少なかれ市町村税収は純減になっている。逆に言えば、一人当たり営業税収入がそれ以下の都市は基本的には改革によって市町村税収は純増になる。同じく郡属市町村を郡ごとにみると、18の郡のうち営業税収入上位の3郡だけはわずかに純減になるが、残りの15郡は数％から数十％の税収増になっている[20]。

このように『勧告』案では大都市や企業立地市町村の税収力は低下し、反対に従来営業収益税に恵まれていなかった都市周辺部の小規模な郡属市町村や農村部の市町村はでは税収力が上昇して、結果的に市町村間の税収力格差は確かに是正されることになる。しかしこれは都市の立場からすればトレーガー委員会『勧告』案の重大な問題であり、見過ごすことはできない。この点についてさらに検討してみよう。

(3) 『勧告』案と都市

『勧告』案による大都市財政への影響をどう評価するかに関しては、Wirtschaftsdienst誌1966年7月号におけるF. ノイマルク（トレーガー委員会）とW. ボッケルマン（ドイツ都市会議）へのインタビューが興味深い[21]。

ノイマルクは当時の西ドイツの代表的財政学者であり、トレーガー委員会の一委員として主要な役割を演じた人物である。さて、同誌編集部は次のように

質問する。市町村間の財政力格差の縮小は、大都市における公共団体の高い公共サービスとそれに基づく大都市の魅力を縮小するのに十分に可能な手段になるであろう。そして、これは大都市の膨張を抑制するであろう。委員会は租税改革による追加的効果としてこのようなことを考えているのかどうか。

これに対してノイマルクは次のように言う。「それは改革による追加的効果であり、委員会においても意識的に志向された効果でもある。私は大都市の反対者では決してなく、むしろ大都市は文化の中心として是非とも維持され促進される価値があると考えている。しかし我々の経験している特定の中心地での過大な人口膨張にともなう付随現象は、これ以上承認できるものではない。そしてこの理由から、中長期的にみれば、集中を阻止する租税政策も歓迎されるであろう」。また、改革によって相当な租税損失を被るいくつかの大都市や市町村については、州による市町村財政調整制度の変更によって対応がなされるべきである、とする[22]。

一方、ボッケルマンは当時のフランクフルト市長でありドイツ都市会議首脳部の一人として都市とくに大都市の利害を代表していた。ボッケルマンは次のように言う。「改革は企業立地市町村から居住地市町村への相当な租税移転をもたらす。しかしながら企業立地市町村は、巨大な人口集積地域において主要なインフラ投資をまさに実施しているのである。今日、居住地市町村の一定の強化は、確かに不当ではないが、しかしそれは中心都市の弱体化をもたらすものであってはならない。それゆえ、委員会はこの点について行き過ぎである、というのが我々の見解である」[23]。

当時のドイツ都市会議は後述のように営業収益税廃止には反対であり、営業収益税を縮小しつつも、営業税は営業収益、営業資本、賃金額という三つの課税ベースを保つべきという立場である。それについて *Wirtschaftsdienst* 誌編集部は、そのような改革では小規模市町村に比べて税収力の強い大都市がさらにより高い公共サービスを供給して経済企業を引き寄せてしまう危険はないのか、また大都市における公共サービスのさらなる供給は国民経済的には必ずしも意義があるとは言えないのではないか、と質している。これに対してボッケ

ルマンは次の二つの点をあげて都市の立場を強調する。

　第1に、営業税が都市膨張の原因なのではなく、都市膨張は全世界的にみられる工業社会の現象であり、ドイツの営業税とは全く無関係である。反対に、都市膨張に対応した都市の整備こそが求められているとして、次のように言う。「あらゆる領域におけるサービス分野の持続的成長は都市を必要とする。サービスは都市なしには遂行できない。そしてこの分野こそ今日のわが国経済において最も強く成長している分野なのである。私が思うに、反都市膨張イデオロギーは葬むらなければならない。現代工業社会は都市社会なのである」[24]。

　第2に、今日では大都市は十分な公共サービスを供給できていない。つまり大都市の中心地機能など財政需要は人口増加以上に累進的に増加していくのに比べて、大都市には十分な税収力が与えられていない。当面では小規模市町村の方が大都市よりも実際上は十分に投資している。それゆえ、大都市の財政力は改善されなければならない[25]。

　このように都市財政の現状や国民経済における大都市の位置付けをめぐっては、トレーガー委員会とドイツ都市会議の間には相当な隔たりが存在しており、これが『勧告』案へのドイツ都市会議の評価にも影響を与えることになるのである。

IV　連邦、州、市町村の『勧告』への評価

　トレーガー委員会の『勧告』案は市町村の租税構造を大幅に変更するだけでなく、連邦・州の租税収入にも影響を与えることになる。それでは連邦、州、市町村はこの『勧告』案をどのように評価していたのであろうか。

(1)　市町村からの評価

　ドイツ都市会議やドイツ市町村連盟などの地方団体全国組織の連合体は、1967年3月2日に特別委員会での審議を行うが、それをふまえて『勧告』案の市町村税システム改革について次のような基本的態度を表明していた。

『勧告』によれば、市町村税改革とは市町村の財政的自己責任を強化し、市町村財政運営の景気依存性を縮小し、市町村間の税収力格差を緩和し、理に適った空間秩序を促進すべきであるということであり、地方団体はトレーガー委員会のこうした目標設定には賛成できる。ただ、地方団体側としては新しい市町村税システムにあっては上記に加えてさらに、市町村税の可動性が確保されること、できる限りより多くの市町村住民がその負担能力に応じて市町村税に参与すること、最も広い意味での地域関連性（Radizierbarkeit）が確保されること、を提起してした[26]。

そしてまず営業収益税削減については、市町村に他の租税が移譲されて質的に同等で量的により改善される代替財源が同時に保障されるという前提条件がある場合にのみ、地方団体側は検討しうるとした。具体的には、営業収益税が縮小されるとしても、少なくとも変更時の60％程度の営業税収入が保障されるような規模であること、賃金額税を全市町村に義務的に導入するとしても『勧告』案のように負担の2倍化は避けることを要求していた。つまり地方団体側は営業収益税をやや縮小しつつも、当面は三つの課税ベースによる営業税の基本的枠組みを維持しようとしたのである[27]。

一方、所得税に市町村が参与するという『勧告』案については、地方団体側は賛成している。しかし地方団体側の見解は、市町村も所得税の税収増加に十分に参与せねばならないというものである。つまり地方団体側は『勧告』案のような定額税的参与ではなく、市町村がスライド制に従って所得税に参与したり、累進課税部分にも参与したりすることも提起している[28]。

さて地方団体の中でも営業収益税廃止に強く反対しているのはドイツ都市会議である。先のボッケルマンは同じインタビューで次のように述べていた。「収益に対する営業税は確かに縮小すべきかもしれないが、完全に廃止すべきではない。そうではなく、資本、収益、賃金という三つの課税要素は保持しなくてはならない。そうすれば中小企業に対する敵対的効果もそれほど強くならないであろうし、人口集中地区における中心都市もそれほど強く税収力を失わないであろう。税収力格差それ自体が悪いのではなく、それはあくまで市町村

の自由との相関関係の中で考えるべきものである」[29]。

　このように地方団体側は『勧告』案に対しては、市町村所得税のさらなる拡充を求めつつ、営業税については営業収益税を一部縮小しつつも営業収益、営業資本、賃金額という従来からの三つの課税ベースを維持するという立場であった。これはトレーガー委員会の大胆な『勧告』案に比べれば、ある意味で現実に即した改革案であるが、システム改革としてはやや中途半端の感は否めない。そこには、市町村一般の自治的税収基盤を強化したいが、営業収益税廃止に対する大都市からの反発は強く、また営業税の外形標準課税による中小企業経営への影響も無視できないなど、市町村経済や市町村財政の当事者内部での複雑な利害対立も反映されざるをえないからであろう。いずれにせよ地方団体側としては『勧告』案の市町村税改革の基本目標には賛成しつつも、営業収益税廃止と市町村所得税導入という具体的方策そのものについては全面的に賛成するということにはなりえないのである。

(2) 連邦、州からの評価

　トレーガー委員会はそもそも連邦政府と州政府の同意のもとに発足したわけであるが、『勧告』案による市町村税改革には連邦と州はどのような態度をとったのであろうか。実は『勧告』案による市町村税改革は、連邦と州の財政収支にはマイナスの影響を与える。つまり連邦・州の共通税たる所得税の最低税率部分の38％を市町村所得税にすれば、連邦・州には約55億マルクの税収減になる。さらに市町村における交通関係の公共投資需要増加（約15億マルク）にも配慮して所得税配分率を48％にすれば、連邦・州の税収減は約70億マルクにもなる。一方、企業の経営コストに算入される営業税が縮小されることによって所得税・法人税の課税ベースも広がるため、所得税・法人税でも約18億マルクの増収が見込める。いずれにせよ連邦と州の財政にとっては40～50億マルク程度の税収減になってしまう。そして『勧告』案では、改革によるこの連邦・州の税収減少分に対応する具体的措置は提案していないが、連邦政府と州政府の支出削減か、付加価値税増税によって調整できるであろうと想定していた[30]。

このような状況の中では連邦政府や州政府は『勧告』の市町村財政改革案の実現にはそもそも積極的にはなりえなかった[31]。例えば、バイエルン州の財務大臣ペーナー（Pöhner）博士は1966年3月4日付けの新聞で次のように述べていた。「自治体財政規模を約20億マルクだけ強化しようとするトレーガー委員会の意図は確かに賞賛に値する。けれどもそのために予定されている道は、有用な解決を全く描いていない。連邦と州から市町村に移されるべきとされる約75億マルクによっては、財政問題は解決されないのであり、それはただ問題が移動したにすぎない。かくして我々は次のように認識することができる。『勧告』提案は今日すでに存在する財源不足を移動しただけであり、つまり市町村の財源不足は緩和されるだろうが、連邦と州のそれは負えないほどの規模に拡大するであろう」[32]、と。

また、連邦政府の『勧告』案に対する消極的姿勢に関しては『フランクフルター・アルゲマイネ・ツァイトゥング』紙1966年9月29日付けによれば次のようであった。「連邦政府は、――ボンではそう思われているのだが――、財政改革に関する自らのイメージにおいて1966年春に提出されたトレーガー委員会の諸提案に広範に従っている。もちろんだからといって、連邦政府が五つの勧告のこれらの提案のすべてにおいて従うであろうとは、ほとんど考えられない。確かに連邦政府の財政当局者も、営業税のできる限り広範な引き下げには賛成するが、営業税の純粋な営業資本税と賃金額税への再編には、トレーガー委員会とは異なって、反対なのである。委員会によって討議された市町村所得税の導入についても連邦政府ではほとんど賛同を得られていない。というのも、そうした租税が市町村財政政策に対する住民の関心を高めるかどうかについては懐疑的なのである。いずれにせよ、技術的理由からしてもそうした市町村所得税の短所が、考えうる長所よりも勝るであろう、とみなされている」[33]。

おわりに

トレーガー委員会『勧告』による市町村税改革とは、端的に言えば営業収益

税を廃止して新たに市町村所得税を導入するというものであった。つまり営業収益税廃止によって、市町村税負担の一部企業への集中、税収の景気変動性、市町村間の税収力格差という営業税ひいては当時のドイツ市町村税体系の欠陥を是正し、他方では一定の賦課率操作権をともなった市町村所得税と営業税の外形標準課税化、物税化の徹底によって安定的で自治的な市町村税を確保しようとするものであった。

　しかしながら市町村改革の当事者であり最も影響を受ける連邦、州、市町村の態度をみると、『勧告』案をそのまま積極的に推進するというわけではなかった。市町村サイドは、『勧告』案に示された市町村財政・市町村自治への好意的姿勢を基本的には評価しつつも、市町村間の利害対立を表面化させる『勧告』案の市町村税改革にはやや消極的であり、営業税の三つの課税ベースの維持とより拡大された市町村所得税の導入を主張していた。また連邦と州サイドからみれば、市町村所得税導入によって共通税たる所得税の減収になり、そのため新たな財政的措置が必要になるなど改革にともなう負担だけが押しつけられることに警戒的であり、『勧告』案実現には政治的にも消極的な態度であった。

　なお『勧告』は、市町村財政改革の主眼をあくまで営業収益税の廃止においてはいたが、一方ではその実現の困難性も認識していた。そのため当面は営業収益税の廃止が不可能でも、営業収益税を2分の1もしくは3分の1だけでも縮小することによって、営業収益税廃止の方向による市町村財政改革の必要性も強調していた[34]。

　トレーガー委員会『勧告』は1966年3月に発表され、市町村側の準備や各州の市町村財政調整制度の対応を経て、当初計画では1970年1月より改革が発効される予定になっていた。しかしながら上記のような連邦、州、市町村の姿勢もあって、『勧告』案による市町村税改革そのものは実現することはなかった。種々の政治的議論を経て1969年市町村財政改革法によって実現した市町村税改革とは、①営業税の三つの課税ベースは維持する、②市町村の営業税収の一部（約40％）を営業税納付金として連邦・州に納付する、③所得税収の14％を市

町村財源として保障する、というものであった。だが実現したこの改革によっても、①営業収益税の問題点が残されたままであること、②市町村に配分された所得税には市町村の税率操作権はないこと、③所得税の市町村への配分方式は居住地市町村への配慮が強く大都市からみて不満があること、など市町村税システムとしては相変わらず問題をかかえていた。かくしてドイツにおいては1970年代以降営業税と市町村税についてのさらなる議論と改革が進められることになるのである[35]。

注

1) Kommission für die Finanzreform, *Gutachten über die Finanzreform in der Bundesrepublik Deutschland*, 1966. なおこのトレーガー委員会『勧告』の市町村財政改革の内容については、佐藤進『現代西ドイツ財政論』有斐閣、1983年、第5章、佐上武弘「西独における財政改革論(1)～(10)」『自治研究』第42巻第9号～第44巻第1号、1966年9月～1968年1月、で紹介されている。

2) *Gutachten*, S. 1-5. なおトレーガー以外の4人の専門委員は、F. ノイマルク（財政学者）、A. ノイブルガー（弁護士、連邦議会財務委員長）、W. ロッシェルダー（州事務次官）、フィッシャー=メンハオゼン（エッソ社副社長）であった（Ebenda, S. 4.）。またノイマルクによる『勧告』の紹介については、F. Neumark, Grundgedanken des Gutachtens über die Finanzreform in der Bundesrepublik Deutschland, *Schriften des Vereins für Socialpolitik*, Bd. 52, 1969, がある。

3) Ebenda, S. 97.

4) Ebenda, S. 97-100.

5) 営業税調整制度とは、企業立地市町村の営業税収入から当該企業従業員の居住地市町村に調整金を配分するものであり、その調整負担額は各州で異なるが、1965年時点では従業員一人当たり100～175マルク程度だった。なお営業税調整制度による再配分額は、1959／60年度で全営業税収入の3.8%にすぎない。調整前後の人口一人当たり営業税収入をみると、人口20万人以上の市町村平均では197.84マルクから193.81マルクへ約4マルク減少し、人口1000人以下の市町村平均では20.99マルクから27.49マルクへと約6.5マルク増加している（Ebenda, S. 99.）。

6) Ebenda, S. 100.
7) Ebenda, S. 100-101.
8) Ebenda, S. 101.
9) Ebenda, S. 101.
10) Ebenda, S. 101-102.
11) Ebenda, S. 102.
12) Ebenda, S. 103. なお企業の営業税額は、課税ベースに法定（全国一律）の租税指数を乗じた課税基準額に、各市町村ごとの賦課率を掛けて算出される。
13) Ebenda, S. 106-107.
14) Ebenda, S. 107.
15) Ebenda, S. 108.
16) Ebenda, S. 108-109.
17) Ebenda, S. 110-112.
18) Johannes Werner Schmidt, Die Gemeindeeinkommensteuer nach dem Sachverstandigengutachten in qualitativer Sicht, *Kommunale Steuer-Zeitschrift*, 15Jg. Heft12, 1966, S. 233-234.
19) Bruno Weinberger, Das Urteil der Gutahter, *Der Städtetag*, 4/1966, S. 166.
20) *Gutachten*, S. 234-240.
21) *Wirtschaftsdienst*, 7/1966, S. 355-365.
22) Der dornige Weg zur Finanzreform, *Wirtschftsdienst*, 7/1966, S. 358.
23) Den Gemeinden muss geholfen werden!, *Wirtschaftsdienst*, 7/1966, S. 363.
24) Ebenda, S. 364.
25) Ebenda, S. 363-364.
26) Gemeinsame Stellungnahme der kommunalen Spitzenverbande zum Finanzreform Gutachten, *Der Städtetag*, 4/1967, S. 175.
27) Ebenda, S. 176.
28) Ebenda, S. 176.
29) *Wirtschaftsdienst*, 7/1966, S. 363.
30) *Gutachten*, S. 153.
31) 前節でも紹介した *Wirtschaftsdienst* 誌のインタビューにおいて、編集部は連邦や州が改革提案を実現するために政治的に十分な努力をしていないという重大な非難が寄せられていることを指摘している（*Wirtschaftsdienst*, 7/1699, S. 359.）。

32) Bayerischen Staatszeitungen, vom 4. 3. 1966. (*Kommunale Steuer-Zeitschrift*, 15Jg. Heft4, 4/1966, S. 65. より引用)。
33) Frankfurter Allgemeine Zeitung, vom 29. 9. 1966. (*Kommunale Steuer-Zeitschrift*, 15Jg. Heft10, 10/1966, S. 202. より引用)。
34) *Gutachten*, S. 122-123.
35) 本書、第2章、参照。

第5章　ドイツにおける地方付加価値税構想
——連邦財務省学術顧問団の報告（1982年）を中心に——

はじめに

　戦後ドイツ市町村の基幹的税収であった営業税は、営業利潤に加えて営業資本額や支払い賃金額をその課税ベースとしてきたのであり、ある意味で外形標準課税的要素の強い地方税であった。これはドイツにおいては、営業税が代表的物税（Realsteuer）であり応益原則を重視した地方企業課税として位置付けられていたからである。ところがこの営業税も1969年租税改革による営業税納付金制度と所得税市町村参与制度の導入、1979年租税改革による賃金額税廃止、1998年租税改革による営業資本税廃止と売上税市町村参与制度の導入という一連の改革の結果、その外形標準課税的要素はほとんどなくなり、営業利潤税（第2法人税）に近いものになってしまった[1]。

　この背景には企業の租税負担軽減を求めてきた経済界が、とりわけ営業税における非収益的要素への課税を問題とし営業税の縮小・廃止要求を強めていたことがある。他方、経済活動の場である都市自治体の側からすれば営業税における外形標準的課税は企業経済活動にともなう応益原則に適い、また安定的な地方税収を確保できるが故に望ましいものであった。したがって課税ベースの拡大つまり「営業税の再生」こそが都市サイドの意向であったが、租税改革の経緯はまさにこの逆に進んできたのである[2]。

　ところでこうした中で、当時の西ドイツ連邦財務省学術顧問団は1982年の報告[3]において、市町村の営業税、不動産税という二大物税を廃止して、地方付加価値税（Kommunale Wertschöpfungsteuer）に代替すべきという大胆な提

案をしていた。この提案は都市サイドの言う「営業税の再生」そのものではないが、企業などのあらゆる経済活動による付加価値を課税ベースにするものであり、課税ベースの拡大と外形標準課税的要素をより前面に出した新市町村税であり、市町村税システムの全面的改革の提案でもあった。ただ同構想も結局は実現することなく終わってしまうのであるが、地方・市町村レベルにおける付加価値税の可能性を考える上で興味深い構想であったことはまちがいない。そこで本章では、ドイツにおけるこの地方付加価値税構想の内容、特徴、その意図するところなどを整理し、あわせて地方付加価値税導入による都市・市町村税収への効果、企業・産業経済への影響などを検証して、現代地方財政における地方付加価値税の意義と問題点を考えてみたい[4]。

I 連邦財務省学術顧問団の地方付加価値税構想

(1) 『報告』の地方税・営業税認識

財務省学術顧問団『報告』によれば、地方税は一般的に次の五つの課税原則を満たすべきとされる[5]。第1に、地方税は市町村の様々な需要構造に対応した収入をもたらさねばならない。第2に、地方税は等価原則（Äquivalenzprinzip）と利益調整原理（Grundsatz der Interessenausgleichs）に拠らなければならない。第3に、個々の市町村税の一人当たり収入は、賦課税率に差がないとすれば、自治体間で過度の格差があってはならない。第4に、地方税には、景気循環過程にあって税収弾力性が比較的小さいという税収の安定性が求められると同時に、長期的には経済成長に比例して税収が増加するような伸長性も求められる。第5に、国税に比べると地方税においては課税の一般原則たる能力原則（Leistungsfähigkeit）よりも等価原則や利益調整原理が優先されるし、また納税者意識（Fühlbarkeit）という特徴も国税の場合よりも重要となる。

さて学術顧問団『報告』が強調する利益調整原理には、一つの市町村内部で

の内部利益調整と他の市町村とも関わる外部利益調整がある。外部利益調整は市町村財政調整の課題となるので、ここでは内部利益調整について注目しておく。『報告』によれば「内部利益調整とは、ある社会集団の特殊な財政需要を同じ集団構成員から徴収される課徴金収入によって資金調達されるべきである、という見解に基づく。かくして例えば、営業地域において地域生産の利益のために建設された自治体施設の維持は、地域営業の租税収入によって支弁されるべき、ということになる」[6]。

この利益調整システムの役割は、政治的多数派がもっぱら自分達に利益をもたらすために自治体負担を引き起こしたり、もっぱら他の社会集団に負担を負わせるような資金調達を決定することを妨げることにある。そのためには市町村税システムは、納税可能なすべての市町村住民が当該自治体の徴収する少なくとも一つの租税に関連づけられるように広範囲に設定されるべきである。さらに内部利益調整は、重要な社会集団がそれぞれ関連づけられている多くの税源が自治体に存在することを前提にしており、少なくとも住民と地域生産に関わる二つの租税が徴収されるべきである[7]。

さて地方税のあり方をこのように考える学術顧問団『報告』からすると、当時の市町村営業税の実態は満足のいくものではなかった。その理由の第1は、利益調整原理が機能していないことである。『報告』は次のように言う。「商工業によって最も広い意味において引き起こされた自治体財政需要を、機能正当的に負担させるという目的は、現在の形態の営業税によっては不十分にしか達成されない。なぜなら、営業税の高い課税最低限ゆえに課税されるのは圧倒的に中規模・大規模企業になっているからである」[8]。

また第2に、市町村間の租税収入の格差にも悪い影響が出ている。同じ程度の地域生産と同じ程度の営業経済をもつ市町村であっても、企業規模構成が異なっていたり営利企業と自由業の比重の比重が異なっていれば、その営業税収入や営業税負担は相当に異なってしまうことになる。

さらに第3に、景気政策や資源配分の観点からも相当な欠陥がある。つまり営業税収入の高い景気感応性は、市町村の歳出態度において景気変動を一層増

長するような傾向に導いてしまうのである。また生産様式による不均等の課税は競争中立的ではない[9]。

なお営業税における市町村の税率操作権は、市町村の財政自律性という面からは一般的には望ましいが、学術顧問団の立場は、税率操作権があるからといって現行の営業税を維持することは説得的ではない、というものであった。『報告』は言う。「最も重要な物税である営業税は、すべてとは言えないまでも多くの自治体政治家の立場からすれば、その税率操作権を根拠に重要で積極的に評価できる特色を持っている。つまり市町村は自分に入ってくる収入の高さについて営業税率の変更という手段を使って自律的に影響を行使することができるのであり、そしてこのことはしばしば重大な規模にまで及んでいる」[10]。固有の操作可能性の保持を自治体自律性の前提として説明するこのような観点は、とりわけ自治体政治の議論において営業税の他の否定的に評価される特色を二義的なものとみなしがちである。しかしながら、もし税率操作権を備え地方税体系の諸条件によりうまく適合して同じくらい税収のあがる他の租税が整えられるならば、税率操作権それ自身は営業税の維持に賛成する十分な根拠を提供するわけではない[11]。

さらに問題なのは、欠陥のある営業税において税率操作権という自治体の自律性が発揮されている結果、その欠陥がより重大なものになりかねないことである。『報告』は次のように言う。「営業税のこのような欠陥は、自治体収入に占める営業税の高い比重と結びついて結果的に重大な影響をもたらしている。自律的な自治体財政政策の期待された成果は、営業税によっておぼつかなくなっている。なぜならそれは、自治体間の租税力と企業立地条件において大きな格差へと作用するからである。そのような諸条件の下では自治体の財政自律性は、求められる地域空間秩序を危ういものにしてしまう」[12]。

このように学術顧問団『報告』によれば、当時の市町村の主要税収である営業税の実態は、地方税として望ましいものではない。他方、いま一つの物税である不動産税は課税標準の査定額が現実と乖離してしまい市町村税としては十分に機能しうる状況ではない。また所得税への市町村参与も所得税配分に市町

村が直接的に関与できないが故に問題がある。かくして『報告』は、地方税体系そのものの抜本的改革が必要であり、その有力な方策として提起したのが、現行の営業税と不動産税を廃止して新たに地方付加価値税を導入することであった[13]。

(2) 『報告』の地方付加価値税構想

学術顧問団『報告』が構想する地方付加価値税は次のような内容をもっていた。課税ベースは、当該市町村地域で活動する各経済単位の付加価値総額であり、賃金、利潤、利子、賃料の総額が加算法で計算される。納税義務者は一般企業だけでなく公共団体、連邦・州機関、自由業並びにその他の自営業も含まれ、不動産税が廃止される見返りとして農林業・住宅も地方付加価値税の対象となる。税率は、営業税廃止との税収中立を保つために2.5～3％の比例税が想定されている。また地方付加価値税においても営業税と同様に一定の枠内での市町村の税率操作権は維持されるべき、とした[14]。

そして地方付加価値税を導入することは、地方財政において次のような積極的効果をもたらすと考えられていた。第1に、市町村財政における利益調整原理が格段に広く適用される。利潤課税化してしまった営業税では一部の中・大企業のみが負担していたのに対して、地方付加価値税では原則としてすべての経済主体がその活動規模に応じて課税される。『報告』は言う。「付加価値への比例課税は、その租税収入が企業の立地する市町村に属する限りにおいて、市町村をして一様にその地域の生産実績の分け前にあずからせる。この方法を通じて営業税の際と同様に、地域生産への市町村の関心が広い意味で保たれ喚起される」[15]。かくして「ある市町村における付加価値総体に課税されるような租税は、利益調整に十分に適合することになる」[16]、のである。

第2に、市町村間の税収格差も緩和される。主に企業利潤を課税ベースとする営業税では住民一人当たり及び就業者一人当たりでみても市町村間の税収格差は相当にあったが、付加価値額ならば企業利潤よりも平準化して各市町村に存在しているからである。つまり同じ程度の経済構造をもつ市町村ならばその

一人当たり税収入はより平準化するであろう。ただ付加価値を課税ベースとした場合、企業活動が活発な企業市町村（Betriebsgemeinde）と企業があまり立地していない居住市町村（Wohngemeinde）では、住民一人当たり税収力の格差が大きくなる可能性がある。これについては二つの点が考慮されるべきであるという。一つは、個別租税の格差だけでは地方税全体の格差の十分な尺度にはならない。現実には居住市町村において生産に関連した付加価値税が少ないことは、居住住民数を重視した所得税配分によって補完されているのである。いま一つは、企業市町村には立地する企業の生産活動を原因にした多くの公共サービス供給が求められるし、市外からの通勤者のための公共サービス供給が求められる。また商業都市においては、商業による付加価値生産が集中するが、そこでは同時に他地域から流入する購買人口のためにも多くの公共サービスが求められる。つまり付加価値生産の集中する中心的な商工業都市には、それに伴なう費用補償としても地方付加価値税は機能すべきとされる[17]。

第3に、経済的作用つまり企業経営に対しては地方付加価値税は営業税よりも中立的である。なぜならすべての付加価値部分が一様に課税対象になるために、資本集約的企業と労働集約的企業の間で、また消費と投資の間で、生産要素投入に際して歪みがほとんど発生しないからである。したがって地方付加価値税は資源配分において極めて中立的となる。なお、こうした見通しは現行営業税を地方付加価値税に置き換えることによって競争上の変位をもたらすにちがいないという推論とも矛盾しない。なぜなら、これによってこれまで租税によって規定された個別企業の有利な地位が解体され、他の企業の不利益が解消されるからである。かくして、「こうした効果は決して競争上の歪みとはならず、むしろ望まれてきたより大きな競争中立性への接近となるのである」[18]。

以上みてきたように学術顧問団『報告』は地方付加価値税による市町村への税収配分効果や企業経営に与える影響をかなり楽観的にとらえている。だが現実には地方付加価値税は利害関係者からみてどのように評価されるものであったのであろうか。この点を考えるために、次に地方付加価値税導入による都市・市町村財政への影響（II節）、企業・経済への影響（III節）を検証してみ

II 都市と地方付加価値税

(1) ドイツ都市会議と市町村税改革

　営業税と営業税改革のあり方は、市町村の中でもとりわけ都市財政にとっては大きな影響を与えるものであった。というのも都市は市町村一般に比べると営業税収入への依存度が高く、また従来の営業税改革と所得税市町村参与制度導入は都市財政にとって少なからず不満が残るものであったからである[19]。それゆえ営業税ならびに市町村税システムの抜本的改革には、都市は重大な利害関心を寄せていた。そこで、都市の利害を代表するドイツ都市会議による市町村税や地方付加価値税構想に対する見解をみてみよう。学術顧問団『報告』が出された翌年の『市町村財政報告1983』(『都市会議』1983年2月号)では、都市会議からの「市町村税システム改革への諸要求」として次のような点が配慮されるべきとしている[20]。

　第1に、市町村の財政需要充足のために市町村税収は長期的には平均的に発展するように構成されるべきであり、少なくとも名目GDPの伸びに対応できるべきである。

　第2に、市町村税にあっては財政需要に応じた自治体間の税収配分がなされることが決定的に重要である。その際、中心地機能の充足や大都市特有の財政支出負担がより強く配慮されねばならない。所得税の市町村配分での居住地原則の過剰な評価や財政需要に対応していない収入平準化の傾向は、市町村税システムにおいて生産関連要素をとりわけ強化することによって相殺されるべきである。

　第3に、自治体行政の持続的課題達成の観点からは、市町村税システムは従来の場合よりもより安定的な収入発展を保証すべきである。このことは市町村税の景気循環や個々の企業ないし経済部門への依存を縮小することを意味する。

第4に、いかなる租税でまたいかなる枠組みにおいて都市・市町村がその租税収入額を、例えば税率操作権を使って共同決定できるか否かが、自治体財政自治の程度にとっては決定的なことである。それゆえ都市にとっては、不動産税とならんで、少なくとも地域生産に課税される市町村税での税率操作権は不可欠である。

　第5に、これまでの租税政策の経験からすれば、都市・市町村は将来の租税収入の見込みについてより確かな予測可能性を切実に欲している。市町村が参与する租税が、様々な政治分野の道具に利用される度合いが小さいほどこの目標はよりよく達成されることになろう。

　さて、税収伸長性、財政需要に適合した自治体間の税収配分、税収安定性、税率操作権の保持、税収予測の可能性、というこのような市町村税に対する都市会議の要求は、学術顧問団『報告』の市町村税認識とも多くは共通するものであった。それゆえ学術顧問団『報告』が、とりわけ現行営業税は市町村税にあるべき諸条件に適合していないこと、市町村財政改革遂行の中心事項は営業税を地域生産に関わる新しい租税に交替させることであり、そのための具体案として地方付加価値税を導入するべきという結論を出したことに対して、ドイツ都市会議は積極的に評価していたのである[21]。

　その評価の要点は次のようなことであった。①地方付加価値税の提案はドイツ都市会議の長年にわたる諸要求と基本的方向において適合している。②都市会議も地域生産に関わる租税の課税ベース拡大を緊急に必要とみなしている。③納税義務者がより多くなることによって、個々の納税者負担は現在の営業税に比較して軽減されうる。④持続的な業務遂行に不都合な営業税収入の強度の景気敏感性と、少数大企業の収益状況への依存性が減少する。⑤とりわけ、市町村が税率操作権を保持し続けていること。様々な地域的な事情や財政需要に適応すべき自治体自治にとって、この税率操作権は不可欠である。かくして『市町村財政報告1983』では次のように結論づける。「このような積極的側面ゆえにドイツ都市会議は、市町村付加価値税という提案を、市町村租税システムのさらなる発展に向けての議論に値する手掛りとして考えている。ただしその

実現可能性と自治体間の配分効果はさらに吟味されねばならないが」[22]、と。

実際のところ都市や市町村にとって営業税廃止と地方付加価値税導入の最大の評価基準は、自治体への税収配分にいかなる効果が現れるかであろう。とくに都市サイドの戦略からすれば地方付加価値税の実現は、先の「市町村税システム改革の諸要求」の一つにあげられたように、所得税配分での都市の不利益を調整すべきものであった。ドイツ都市会議のカーレンベルクによれば、「経済活動が集中する都市の租税基盤を強化することは、居住地に関連させた所得税配分への対抗物としての付加価値税の課題であらねばならない」[23]。

ところが学術顧問団『報告』は税収配分効果に関しては一般的可能性を述べているだけで、付加価値生産に関する適切な地方データが不足していることを理由に、個々の自治体別の改革の影響を示していなかった。『報告』が述べているのはせいぜい、典型的な企業市町村においては地方付加価値税によって一人当たり税収が相体的により高くなるであろうこと、地方付加価値税は居住地に則った所得税配分の対抗物になりうること、地方付加価値税は営業税よりも一般的に税収の地域的偏りが小さくなること、であった。つまり都市側が利害得失も含めて改革構想を本格的に評価するには一定のモデル計算が必要になるが、実はこのモデル計算にあたっては財政当局だけが利用できる多数のデータがなければ有意義な実施は不可能なのであった[24]。

(2) 地方付加価値税の自治体税収効果

それでは果たして地方付加価値税導入は自治体へのいかなる税収配分効果をもちえるのであろうか。そこでここではシュトラウスの研究[25]を利用して一定の展望を得ておこう。同研究はルール工業都市をかかえるノルトライン・ヴェストファーレン州の全都市・市町村（1981年）を対象にした試算であり、営業税と比較しての地方付加価値税の自治体間税収配分効果が分析されている。一州に限られているとはいえ、地方付加価値税の税収配分効果を実際に試算した興味深いものである。なお試算は学術顧問団『報告』による地方付加価値税構想に拠るものであり、その税率は州内市町村全体の物税（営業税と不動産税）

表5-1　物税と地方付加価値税の一人当たり税収
　　　　（ノルトライン・ヴェストファーレン州、1981年）

(単位：マルク)

	営業税	不動産税	物　税 （A）	地方付加 価値税（B）	増　減 B－A
都市圏（中心部）	335	98	433	490	+57
都市圏（周辺部）	276	84	360	300	-60
人口集積地合計	323	94	417	437	+20
うちルール地域	267	81	347	402	+54
農村圏	284	80	364	325	-39
州内市町村平均	309	89	398	398	0

(出所) Wolfgang Strauss, *Probleme und Möglichkeiten einer Substituierung der Gewerbesteuer*, Westdeutscher Verlag, 1984, S. 138.

収入総額と地方付加価値税収入が一致するように仮定されている。

　表5-1は地方付加価値税による都市圏・農村圏での税収変化を示している。まず都市圏内部では都市圏（中心部）は、物税収入合計一人当たり433マルク、地方付加価値税では490マルクへと57マルク上昇する。一方、都市圏（周辺部）は逆に360マルクから300マルクへと60マルクも減少している。予想された通り経済活動の集中する中心部都市の税収は増加し、中心部と郊外の税収配分の調整がなされている。さらに農村圏は39マルクの減少であるが、人口集積地域全体では20マルクの増加、とくにルール地域では54マルクの増加になっている。地方付加価値税による増収効果は農村市町村より都市的地域の市町村に有利に、そして伝統的な工業地域で経済構造的に弱い（黒字企業が少ない）ルール地域市町村に有利に作用していることが分かる。

　また表5-2は、州内市町村の税収力シェアを都市圏・農村圏に分けて比較したものである。都市圏全体のシェアは営業税では67.9％だったものが、地方付加価値税では71.5％に上昇している。都市圏内部では中心部は47.5％から54.0％へと6.5ポイント増加し、逆に周辺部は15.8％から13.3％へと2.5ポイント減少している。つまり地方付加価値税によって都市圏とくに中心部の税収力シェアは高まることになる。

　次に表5-3で人口規模別に税収効果をみてみよう。郡格都市全体では物税

表5-2 市町村税収力の都市圏・農村圏シェア
（ノルトライン・ヴェストファーレン州、1981年）

（単位：％）

	農村圏	都市圏	都市圏（中心部）	都市圏（周辺部）
営業税	32.1	67.9	47.5	15.8
地方付加価値税	28.5	71.5	54.0	13.3
所得税配分	29.8	70.2	49.4	17.1

出所）Strauss, a. a. O., S. 180.

表5-3 人口規模別都市・市町村の一人当たり税収
（ノルトライン・ヴェストファーレン州、1981年）

（単位：マルク）

	営業税	不動産税	物税(A)	地方付加価値税(B)	増減 B－A
50万人～	393	108	501	584	＋83
20～50万人	304	93	397	448	＋51
～20万人	309	89	398	382	－16
都市平均	344	99	443	499	＋56
郡属市町村	281	88	369	317	－52

出所）Strauss, a. a. O., S. 138.

収入の443マルクから地方付加価値税収入499マルクへと56マルクの増加であり、逆に比較的規模の小さい郡属市町村の場合は369マルクから317マルクへと52マルクの減少となっている。また人口規模の大きい都市ほど地方付加価値税の増収効果は大きいようである。ただ都市の中では20万人以下の都市グループのみが例外で16マルクの減少になっている。このことは地方付加価値税導入で、必ずしもすべての都市が恩恵を被るわけではないことを示している。ちなみに州内郡格都市のうち地方付加価値税導入で増収となるのは、人口50万人以上都市では5市中5市、20～50万人都市では11市中7市、20万人以下都市では7市中3市であった[26]。

また表5-4はいくつかの個別都市での税収変化の状況を示している。地方付加価値税導入で税収減少となる都市の多くはもともと物税収入（大半は営業税収入）が比較的豊富な経済都市である。このように営業税を廃止して地方付

表5-4　個別都市の一人当たり税収の変化
　　　　（ノルトライン・ヴェストファーレン州、1981年）

(単位：マルク)

都　　市	人　口 （万人）	物　税	地方付加 価値税	増　減
ケルン	97.2	513	595	＋82
デュッセルドルフ	58.8	791	910	＋199
エッセン	64.5	475	562	＋87
デュイスブルク	55.6	388	433	＋45
クレフェルト	22.4	521	493	－28
ミュンスター	26.9	526	499	－27
ボン	28.9	378	502	＋124
ゲルゼンキルヒェン	30.3	360	478	＋118
レムシャイト	12.8	534	433	－101
レーヴァースクーフェン	16.0	662	551	－111
ボトロップ	11.4	234	281	＋47
ヘルネ	18.1	241	298	＋57
ミュールハイム	17.9	442	380	－62

出所）Strauss, a. a. O., S. 221-224.

加価値税を導入することは、一般的には都市や中心都市の税収基盤を向上させ、都市的行財政需要への対応、所得税配分での不利益の調整という機能を果たしそうであるが、逆に改革によって不利益を被る都市も少なからず存在することも無視できないであろう。

最後に、自治体間の税収力格差はどのように変化するのであろうか[27]。表5-5で営業税および地方付加価値税の変動係数をみると、郡格都市は34.88から26.91へと約8ポイントの減少、また都市圏（中心部）も35.79から28.45へと約7ポイントの減少であり、地方付加価値税導入によって都市の内部での一人当たり税収の平準化が進むことがわかる。これは学術顧問団『報告』が目指す地方付加価値税の効果の一つの現れである。とくに20～50万人都市では25.34から10.20へと約15ポイントの減少、20万人以下都市でも39.45から22.00へと約17ポイントの減少であり、税収力の平準化が相当に進むことになる。ただこれは逆に言えば、前述のように営業税によって豊かな税収を確保していた都市が地方付加価値税によって相当な税収減を被ることも示唆している。一方、郡

表5-5　市町村の一人当たり税収の変動係数
　　　　（ノルトライン・ヴェストファーレン州、1981年）

	営業税	地方付加価値税
都市（50万人～）	35.33	30.69
都市（20～50万人）	25.34	10.20
都市（～20万人）	39.45	22.00
都市全体	34.88	26.91
郡属市町村	19.89	15.90
都市圏（中心部）	35.79	28.45
都市圏（周辺部）	14.49	13.70
人口集積地域	32.34	31.11
うちルール地域	25.07	21.26
農村圏	22.09	16.44
州内市町村全体	29.68	30.17

出所）Strauss, a. a. O., S. 189.

属市町村でも変動係数は営業税19.89から地方付加価値税15.90へと減少しており、郡属市町村内部での税収力平準化が進んでいる。このように同じレベルの市町村の間での税収力平準化は進むことがわかる。ただ郡格都市・郡属市町村を含めた全市町村レベルでの変動係数では営業税29.68（物税では26.66）に対して地方付加価値税30.17と若干ながらも増加していることも注意されよう。

III　経済と地方付加価値税

(1) 営業税と企業負担

　地方付加価値税の主要目的の一つは、地域内における原則としてすべての経済活動に課税することによって、市町村財政における利益調整原理を貫徹しようとすることにあった。つまり一部の大企業に負担が偏る現行営業税の欠陥を是正するため、すべての経済活動による付加価値（賃金、利潤、利子、賃料）に課税ベースを拡大しようとするのである。参考までに営業税における企業負担の実態をみておこう。表5-6は、1970年時点でのドイツ（西ドイツ）全体

表5-6 営業資本別の企業数と営業税査定額の国内シェア(1970年)

営業資本規模	企業数	営業税
なし	18.5%	3.8%
～6千マルク	3.7	0.6
6千～7万	59.1	13.8
7～25万	12.7	10.9
25～100万	4.2	13.5
100～500万	1.3	14.7
500～2000万	0.3	10.8
2000万～1億	0.1	10.6
1億～	0.0	19.1
全　体	100.0	100.0
実　数	144万社	41.2億マルク

出所）Clemens/Held, *Gewerbesteuerreform im Spannungsfeld von Unternehmensteuerbela und kommunaler Finanzautonomie*, 1986, S. 108.

の営業資本規模別の企業数及び営業税負担の状況である。なお1979年までの課税ベースは営業利潤、営業資本額、賃金総額（一部州）であった。同表によれば全国の約144万社にのぼる企業のうち資本規模25万マルク以上の企業は企業数では5.9%だが、営業税額では68.7%にのぼること、さらに資本規模100万マルク以上の上位1.7%の企業だけで営業税額の55.2%を負担していたことが分かる。さらに、1979年租税改革によって営業税の中の賃金額税が廃止され、残りの営業税の課税最低限も営業収益税（2.4万マルク→3.6万マルク）、営業資本税（6万マルク→12万マルク）ともに引き上げられて、課税ベースは一層縮小されることになった。表5-7は、ボン市内企業の1982年・1985年の営業税負担の状況を示している。1982年には営業税納付企業1.1万社のうち営業税負担額10万マルク以上の上位1.7%の企業が市内営業税の64.1%、3分の2を占めていた。また1985年には課税ベース縮小によって納税企業はさらに減少して市内1.5万社のうち4236社になる。つまり約70%の企業は営業税を負担していないことになる。そして、営業税負担額10万マルク以上の上位3.0%の企業（128社）が市内営業税の68.7%を、50万マルク以上の上位0.6%の企業（26社）

表5-7　ボン市内の企業数と営業税負担額

営業税負担額別 （マルク）	1982年		1985年	
	企業数	営業税額	企業数	営業税額
0	53.2%	—	—	—
20～100	1.8	0.0%	1.6	0.0%
100～1000	12.3	0.5	23.8	0.4
1000～1万	18.9	6.8	47.9	7.6
1万～10万	12.0	28.6	23.7	23.3
10万～50万	1.5	25.7	2.4	17.3
50万マルク～	0.2	38.4	0.6	51.4
全　　体	100.0	100.0	100.0	100.0
実　　数	11,160社	1.2億マルク	4,236社	1.1億マルク

出所）Clemens/Held, a. a. O., S. 109.

だけで51.4%の営業税を負担していたのである。

このように営業税においては一部の大企業に負担が偏っていたのは、その課税ベースが営業収益に依存する割合が高かったからである。一方、地方付加価値税になれば賃金が課税ベースに復活するとともに、企業の黒字・赤字を問わずすべての企業の付加価値が課税ベースとなるため、企業全体がいわば広く薄く課税されることになる。営業税から地方付加価値税への転換は、税収中立ならば経済全体にとっての負担は変わらないが、個別企業にとっては業種や経営構造によって大きな利益・不利益が生じる可能性がある。そこで以下ではクレメンズ=ヘルトの研究[28]に拠りながら負担構造の変化を考えてみたい。同研究は、1977～1983年を対象期間にして、ドイツ国内の代表的企業150社を抽出してデータ分析を行ったものである。この150社の期間中の年間総売上額は1640～2350億マルクであり、国内総売上の17～18%を占める規模であった。なおこの150社のうち56社は従業員500人以下、売上額1億マルク以下の中企業である。地方付加価値税の税率は一律3%と仮定している[29]なお表（表5-8～表5-11）の数値は、各年度・各企業の所得・収益・資産に関わる実際の租税負担額に対しての、予想される地方付加価値税額の比重、営業税に比べての負担増加額の比重を示したものである[30]。

(2) 地方付加価値税と企業・産業負担

　表5-8は企業平均と中企業平均の負担水準を示している。なお1979年以前に比べて1981年以降はすべての数値が上昇しているのは、1979年租税改革の結果分母となる企業租税負担が減少したためによると考えられる。この影響を受けない1979年以前をみると営業税から地方付加価値税への転換は企業一般にほとんど負担増になっていないのに、中企業は13〜14ポイントの増加となっている。つまり大企業に比べると中小企業は地方付加価値税によって増税になる可能性が高い。

　表5-9は、売上総額に占める前払い額が多い（46.2％以上）企業（vorleistungsintensive Unternehmen）つまり低付加価値企業と、その逆の高付加価値企業での地方付加価値税での負担変化を比較したものである。予想されるように1979年以前では低付加価値企業は2〜4％の負担水準の低下、高付加価値企業では10〜12％の負担水準の上昇になっている。

　一般に付加価値の多くは労働から生じているが労働集約企業と非労働集約企業ではどのような格差が発生するのでああろうか。表5-10をみてみよう。1979年以前では非労働集約企業は3〜5％の負担減少になっているのに対して、労働集約企業は12〜20％の負担増加になっている。クレメンズ=ヘルトによれば「ここには最も強い構造的負担格差が示されており、総体的な租税負担及び営業税負担との比較において資本集約的生産企業に対する労働集約的生産企業の極端な不利益の一つが示されている」[31]。なお1981年以降、地方付加価値税の負担水準は一層高くなっている。これは営業税の中の賃金額税廃止によって、労働集約企業ほど分母となる所得・収益・資産に関わる租税負担実額が減少したことを反映したものであろう。

　最後に表5-11は、自動車、化学、製鉄・金属、電機という4業種での企業負担の変化を示している。自動車産業及び化学産業においては地方付加価値税の負担水準は比較的低く、とくに自動車産業では営業税に比べて負担軽減されることになる。これは両産業とも付加価値率が比較的低く（売上額に占める前

表5-8 企業の地方付加価値税負担

年度	地方付加価値税負担		地方付加価値税－営業税	
	企業全体	中企業	企業全体	中企業
1977	25.67	37.78	1.08	14.48
1979	24.87	37.02	0.11	13.25
1981	37.97	56.18	13.29	33.19
1983	34.46	51.10	10.08	26.31

注) 数値は、所得・収益・資産に関わる実際の企業納税額に対する地方付加価値税負担（予想）の比率。
出所) Clemens/Held, a. a. O., S. 71.

表5-9 高付加価値企業と低付加価値企業の地方付加価値税負担

年度	地方付加価値税負担		地方付加価値税－営業税	
	高付加価値企業	低付加価値企業	高付加価値企業	低付加価値企業
1977	22.27	34.55	－2.34	10.01
1979	20.79	34.41	－3.96	12.64
1981	33.28	49.89	8.83	24.62
1983	30.08	45.00	5.97	19.99

注) 低付加価値企業とは、売上額に占める前払い額が大きい（46.2％以上）企業。
出所) Clemens/Held, a. a. O., S. 74.

表5-10 労働集約企業と非労働集約企業の地方付加価値税負担

年度	地方付加価値税負担		地方付加価値税－営業税	
	労働集約企業	非労働集約企業	労働集約企業	非労働集約企業
1977	38.92	20.74	12.30	－3.10
1979	48.88	19.05	20.90	－4.92
1981	93.20	27.63	65.53	3.51
1983	74.95	26.02	47.05	2.34

出所) Clemens/Held, a. a. O., S. 74.

表5-11 産業別企業の地方付加価値税負担

年度	自動車		化学		製鉄・金属		電気	
	A	B	A	B	A	B	A	B
1977	15.36	－8.83	27.15	3.37	46.49	29.48	52.16	25.17
1979	14.95	－9.26	24.54	0.43	44.62	19.93	69.08	40.27
1981	23.05	－1.50	34.03	11.37	98.48	75.01	96.29	67.16
1983	22.59	－1.94	29.48	6.54	66.35	29.43	92.10	62.91

注) A：地方付加価値税負担額、B：地方付加価値税－営業税。
出所) Clemens/Held, a. a. O., S. 75.

払い額が大きい)、資本集約的であることを反映している。ちなみに売上額に占める前払いの比重は自動車産業は約60%、化学産業は約50%であり、労働投入比率は各々25%、27%であった[32]。これに対して比較的労働集約的で付加価値率は中程度の電機産業では、地方付加価値税はより高い負担となり、製鉄・金属産業でもほぼ同様により高い負担になってくる。

　このように地方付加価値税の導入は現行営業税に比べると、労働集約的企業や付加価値率の高い産業には負担増となり、逆に資本集約的で付加価値率の低い企業・産業にとっては負担減となる可能性が高い。また商業企業に比べると製造企業は不利益を被り、大企業に比べると中小企業も不利益を被る可能性が高い、といえよう[33]。

　企業収益とは無関係に課税することは、自治体税財政での「利益調整原理」を重視する学術顧問団『報告』の論理ないし「自治体の論理」からすればある意味で当然のことであるが、企業側からすれば重大な租税負担変更であり経済活動に少なからず否定的影響を与えるものと写らざるをえない。これに関してクレメンズ＝ヘルトは次のように言う。「付加価値税に関する主要批判点の一つは、課税ベースの収益からの広範な独立性であり、それは90%にも達するほどである。このことは営業税の場合よりも収益からの独立性がさらに本格的に強くなっていることを意味しており、わずかな利潤の企業や損失企業への実体資本課税に導きかねないものである。課税ベースにおいて賃金コスト部分が高い割合を占めるが故に、このような租税は労働市場政策的な観点からも問題となるであろう。経済にとっては収益からの独立性は付加価値税に反対する最大の根拠であるが、市町村にとってはこの収益からの独立性というのは安定した収入を期待できるが故にその意向に全く沿うものである。その上、税率操作権も保持されることになっている」[34]。

　これ以外にも、企業や経済界の立場からみれば地方付加価値税は問題があった。例えば、課税ベース拡大によって納税義務者が現行の約60万から約200万に増加する。これは「物税特性」としてできる限り多くの経済主体が地方税に関与すべきとして合理化されているが、巨額の納税コスト・徴税コストに結び

つかざるをえない[35]。またシュトラウスが指摘したように郡格都市・郡属市町村を含めた全市町村レベルでみると税収力の格差是正もそれほど進まない[36]。さらに「利益調整原理」そのものにも問題があるとされる。この原理では企業立地は市町村に対して負担要素だけが一面的に強調されているが、企業立地による利益、つまり企業立地は追加的雇用や追加的自治体租税収入をもたらすことも配慮されるべきである。こうした利益は、高い失業率に直面している多くの市町村によって今日では評価されているのである[37]、等々。

かくして経済界の観点からすれば地方付加価値税は多くの欠陥をかかえており、営業税に代替するものとして望ましいものではない。地方付加価値税に強く反対した団体の一つである連邦納税者連盟（カール＝ブロイヤー研究所）は次のように述べていた。「付加価値税の有利な指標として残っているのは、市町村にとっての固有の税源と税率操作権、ならびに相対的に安定した付加価値税の収入発展、というものである。とりわけ市町村にとって都合のよいこれらの指標は、付加価値税の多くの欠陥と危険という多大な犠牲を払って購うことになるであろう。付加価値税は多くの専門団体やすべての利害団体（市町村関連団体を除いて）によって拒否されている」[38]。

おわりに

以上、地方付加価値税が実施された場合の市町村財政への税収配分効果と企業・産業への影響を検討してきた。その結論をいま一度簡単に総括しよう。

都市財政にとって地方付加価値税は、原則として増収効果をもたらし現行の所得税配分での不利益を調整するだけでなく、都市財政における応益原則や利益調整原理からみても望ましい状態になる。しかしながらその反面では、都市圏周辺部市町村や規模の小さい郡属市町村にとっては税収減になる可能性が高い。また同じ都市の中でも税収減となる都市が存在するのも無視できない。つまり地方付加価値税への転換は、市町村内部でも一定の利害対立を内包しているのである。

また、企業・産業にとって地方付加価値税は、経済全体にとっての租税負担は変わらないにしても、企業規模・産業業種・業態によって負担増減には少なくない格差があった。とくに労働集約企業、高付加価値産業、中小企業にとっては相当な増税になってしまう。

　さてこの学術顧問団『報告』の地方付加価値税構想は、多くの論争を生みながら結局は実現せずに終わる。ドイツの政治システムの中にあって地方税制改革のカギをにぎる州財相会議が1984年5月24日の決議においてこの提案を拒否したからである。州財相会議は、この地方付加価値税（学術顧問団案）だけでなく、地方一般小売税、地方所得税、売上税市町村配分など当時様々な団体が提唱していたいくつかの営業税代替モデルを検討した上で次のように評価した。「これまで展開されてきた代替モデルの中には、すべての関係者に満足のいく解決となるものは全くない」。「吟味したモデルには確かに一連の様々な利点はあるが、同時に相当な欠陥を背負いこんでいるようにみえる。このことは学術顧問団が計画した形態の付加価値税にも当てはまる」。そして結論としては、州財相会議は「営業税を従前と同様に自治体収入システムにおける一つの本質的な支柱とみなしていること」、「現状では適切な代替策がない故に、営業税の一層の解体には反対する」という立場に落ち着いたのである[39]。

　なお地方付加価値税の一般的問題点としては州財相会議も、①付加価値税でも市町村間の構造的に規定された税収力格差を結果的にもたらすことなり、これは現在と同様に市町村財政調整システムによって広範に調整されねばならない、②課税ベースの非収益的要素は、現行営業税の20％が、付加価値税では80％になってしまい、とくに賃金が最大の課税ベースとなり、労働集約企業は資本集約企業よりも付加価値税では課税強化されてしまう、等を指摘していた[40]。さらに州財政独自の要因としては、①州機関への地方付加価値税課税や営業税納付金廃止によって州財政は他の収入確保の必要に迫られてしまうこと、②当時の州財政事情は市町村財政に比べて悪く、市町村側に有利に州財政に負担になるような収入変位を受け入れる財政的余裕はない、ことも挙げて地方付加価値税には否定的になっていたのである[41]。

また、ドイツ都市会議は、この地方付加価値税構想の挫折の後に、1986年9月16日・17日の理事会・中央委員会において独自の営業税改革案を決定した。その要点は、①営業税の課税ベースを拡大して「営業税の再生」をめざす、②課税ベースは賃金・利潤・利子・賃料など付加価値に近いが、非収益的要素には低い税率（租税指数）をかける、というものであった[42]。しかし、経済界との妥協を加味したこの提案も、経済界の反対などによって実現されなかった。

　地方付加価値税や営業税の課税ベース拡大に対しては、ドイツ経済界は企業負担軽減の立場から強く拒否したのである。経済界の意向は、基本的には営業税の解体であり、その代替財源は連邦・州の共通税たる売上税（消費型付加価値税）への市町村参与制度導入というものであった。そしてこの方向は、すでに本書第2章でみたように1998年になって営業資本税廃止と売上税への市町村配分（税収の2.2％）の開始によって一歩踏み出すことになった。

注

1) ドイツにおける営業税改革の経緯と問題点については、本書第2章、第3章を参照されたい。

2) ドイツ営業税の改革をめぐる議論に関しては、Andreas Pfaffernoscke, *Die Diskussion um die Gewerbesteuer*, Frankfurt am Main 1990、が詳しい。また、山内健生『「ヨーロッパ統合」時代の地方自治』日本法制学会、1999年（とくに第4編「ドイツにおける営業税の改革」）、吉村典久「地方における企業課税——ドイツ事業税改革論議からの示唆——」租税法学会『租税法研究』第29号、2001年、も参考になる。

3) Der Wissenschaftliche Beirat beim Bundesministerium der Finanzen, *Gutachten zur Reform der Gemeindesteuern in der Bundesrepublik Deutschland, vom Juri 1982.* なお引用は Bundesministerium der Finanzen (Hrsg.), *Der Wissennschaftliche Beirat beim Bundesministerium der Finanzen Gutachten und Stellungnahmen 1974-1987*, Tübingen 1988、による。以下では *Beirat* と略記する。またこの学術顧問団『報告』による地方付加価値税案に関しては、伊東弘文『現代ドイツ地方財政論』（増補版）文眞堂、1995年、の第5章「西ドイツ地方税制と地方付加価値税」および同「西ドイツ地方付加価値税

案と自治」『都市問題』第80巻第11号、1989年11月、で紹介・検討がなされている。

4) 日本における法人事業税改革問題にみられるように、地方税における企業への応益原則課税や外形標準課税は、現代財政において論争をかかえる主要テーマの一つである。注目すべき地方企業課税の事例にはドイツの営業税だけでなく、フランスの職業税、アメリカ・ミシガン州の単一事業税、イタリアの州生産活動税、オーストリアの市町村賃金額税などがある。

5) *Beirat*, S. 380-391.

6) Ebenda, S. 383. なお営業税の課税原則として応益原則を強調したドイツの代表的財政学者は J. ポーピッツであった。彼は市町村の公共サービス一般と企業の一般的利益を関連づけて次のように言う。「大企業は、その労働者数により、学校、警察、福祉、交通に影響を与える。店舗の規模及び経済的成果も市町村経済の状況、特に都市建設及び交通政策の分野における市町村の措置と相互関係を有している」(Johaness Popitz, *Der künftige Finanzausgleich zwischen Reich, Ländern und Gemeinden*, 1932, S. 123.)。

7) *Beirat*, S. 383-385.

8) Ebenda, S. 392.

9) Ebenda, S. 392.

10) Ebenda, S. 392.

11) Ebenda, S. 392.

12) Ebenda, S. 392-393.

13) Ebenda, S. 393.

14) Ebenda, S. 397-402.

15) Ebenda, S. 398.

16) Ebenda, S. 445-446.

17) Ebenda, S. 405-408.

18) Ebenda, S. 408-409.

19) 都市財政にとっての営業税改革の問題点については、本書、第2章、を参照のこと。

20) Gemeindefinanzbericht 1983, *Der Städtetag*, 2/1983, S. 92.

21) Ebenda, S. 92.

22) Ebenda, S. 94.

23) Hanns Karrenberg, *Die Bedeutung der Gewerbesteuer für die Städte*, Stutt-

gart 1985, S. 112. なお後述のように地方付加価値税案を拒否した州財相会議の1984年5月24日の決議でも、地方付加価値税によって都市・郊外関係の中で中心都市の財政的地位が強化されることを次のように認めていた。「郊外住民も中心地市町村の付加価値生産に参加しているのであるから、この租税を通じてそのような人々も自らが利用する中心地の行政サービスの財源負担に参加することになる」(Beratungsergebnisse der Finanzministerkonferenz am 24. Mai 1984 in Berlin, *Der Gemeindehaushalt*, 7/1984, S. 170.)。

24) Gemeindefinanzbericht 1983, S. 94.
25) Wolfgang Strauss, *Probleme und Möglichkeiten einer Substituierung der Gewerbesteuer*, Westdeutcher Verlag 1984.
26) Ebenda, S. 221-224.
27) 地方付加価値税による自治体間の税収配分効果、変動係数分析については、Hannes Rehm, Das kommunale Finanzproblem-Möglichkeiten und Grenzen für eine Lösung, *Finanzarchiv*, N. F. Bd. 39, H2. もある。Rehm は、1977年のノルトライン・ヴェストファーレン州内市町村の分析をしているが、それによると郡格都市の変動係数は営業税32.01から地方付加価値税21.03へ、郡属市町村の変動係数は営業税19.28から地方付加価値税17.83へそれぞれ減少している (Ebenda, S. 204, 206.)。
28) Reihard Clemens/Thomas Held, *Gewerbesteuerreform im Spannungsfeld von Unternehmensteuerbela und kommunaler Finanzautonomie*, Stuttgart 1986.
29) Ebenda, S. 66-67.
30) Ebenda, S. 68.
31) Ebenda, S. 75.
32) Ebenda, S. 75.
33) Ebenda, S. 78.
34) Ebenda, S. 77.
35) Ebenda, S. 76.
36) Strauss, a. a. O., S. 141.
37) Karl-Bräuer-Institut des Bundes der Steuerzahler e. V., *Abbau und Ersatz der Gewerbesteuer Darstellung, Kritik, Vorschläge*, Wiesbaden 1984, S. 87.
38) Ebenda, S. 89.
39) Beratungsergebnisse der Finanzministerkonferenz am 24. Mai 1984 in

Berlin, *Der Gemeindehaushalt*, 7/1984, S. 167. なおこの州財相会議については以下も参考になる。Gemeindefinanzbericht 1985, *Der Städtetag*, 2/1985, S. 107 -108.,

40) *Gemeindehausuhalt*, 7/1984, S. 170-171.

41) Ebenda, S. 167, 171.

42) Hannes Karrenberg, Der Stadtetags-Vorschlag zur Umgestaltung der Gewerbesteuer, *Zeitschrift für Kommunale Finanzen*, 1986 Nr. 12, S. 266-275.

第6章　経済界の所得税・法人税付加税案
——ドイツ工業連盟の2001年提案を中心に——

はじめに

　ドイツ市町村の基幹税収である営業税については従来からその存廃・改革をめぐる議論が活発である。一方には、営業税の物税としての特性を重視する営業税再生、地方付加価値税などの改革案がある。他方には、企業課税たる営業税を廃止し、その代替財源として連邦・州との共通税である所得税、法人税、売上税（一般消費税）での市町村参与を強化すべきという改革案がある[1]。

　さて地方所得税とは地域の納税者住民がその負担能力に応じて直接的に負担するものであり、本来的には現代地方財政において地方自治を支える主要財源にふさわしい。ドイツの市町村にはこれまで所得税市町村参与という形で一定の所得税収入が配分されてきたが、営業税と異なり市町村の税率操作権はなく自治的な税源とは言いがたいものであった。本書第4章で検討したように、かつてトレーガー委員会『勧告』は営業収益税廃止の代替財源として、市町村に一定の税率操作権を保証した地方所得税の導入を提唱したが、実現することなく終わっていた。

　そうした中、ドイツの代表的な経済団体であるドイツ工業連盟（BDI）と化学工業連盟（VCI）は共同で2001年6月に『憲法精神に適合的な営業税改革』[2]という提言を発表した。そこでは現行営業税を廃止し、その代替財源として所得税・法人税への市町村付加税を税率操作権とともに導入すべきという提案がなされている。税率操作権を備えた市町村所得税という提案そのものは、近年にも個別には様々な研究者、団体によって提起されてきている[3]。しかし、こ

のBDI案は営業税廃止と所得税付加税を結合させており、市町村租税システムを大規模かつ抜本的に改革しようとするものである[4]。その意味では市町村財政に与える影響は大きく、これに対する市町村サイドとくに都市からの異論も少なくない。またBDI案は企業や経済界の利害を基にした営業税改革ならびに市町村財政システム改革としても興味深い。そこで本章では、このBDI案の内容、特徴を明らかにしつつ、そこから発生する財政的問題点などを検証してみたい。

I ドイツ工業連盟の営業税批判

(1) 営業税の現状

ドイツの営業税はこれまでの改革を経てその課税ベースを縮小されてきたが、21世紀の今日においても市町村にとっては独自の税率操作権を備えた基幹的税収であることには変わりない。いま2000年度決算をみると、市町村の租税収入総額1015億マルクの中で営業税純収入（営業税総額から連邦・州への納付金を除いた額）は378億マルクであり、租税収入全体の37.8％を占めている。営業税以外の市町村租税収入の比重は、所得税市町村参与分が41.0％、売上税市町村参与分5.1％、不動産税15.3％である[5]。なお所得税市町村参与とは、1970年の営業税納付金導入の見返りとして連邦・州の共通税たる所得税収の15％分が市町村に配分されるものであり、売上税市町村参与とは1998年の営業資本税廃止の見返りとして、売上税収の2.3％が市町村に配分されるものである。

さてドイツの市町村財政において、今日の営業税については次のような特徴ないし問題点が指摘できる。第1に、個々の市町村は営業税の税率操作権（Hebesatzrecht）を持つ。現行営業税では、税額は課税ベースである営業純収益に法定の租税指数（Steuermesszahl）5％を乗じたものに各市町村独自の賦課率（Hebesatz）を掛けて算定される。つまり共通税たる所得税参与や売上税参与と異なり、市町村は賦課率を動かすことによって営業税を自治的か

つ可動的な収入要素として活用することができる。このことはまた、市町村間や地域間において事実上の営業税の税率格差が生じることを意味する。いま2000年度における各州の市町村（人口5万人以上）営業税の賦課率平均を比較してみよう。連邦平均では428％であるが、高い方ではハンブルク都市州470％、ザールラント州450％、ヘッセン州449％、バイエルン州445％など、低い方ではブランデンブルク州384％、テューリンゲン州387％、バーデン・ヴュルテンベルク州391％など、という格差があった。また人口50万人以上大都市でもフランクフルト・アム・マイン市500％、ミュンヘン市490％に対して、シュツットガルト市420％、ベルリン市410％という格差があった[6]。ちなみに賦課率で約100％の格差は、税率では約5％の格差になる。

　第2に、市町村税収に占める営業税の割合は、小規模市町村と大規模市町村の間で26.4％から59.2％という大きな幅がある[7]。営業税は地方企業課税であるがゆえに、一般的には経済活動が活発で企業が多く立地する市町村とくに大都市ほど、より多くの営業税収入を獲得できることは当然である。しかしそれだけではなく、大都市圏の中心都市では、所得税市町村参与での不利な配分を受けていること、また都市的財政需要に直面していることもあって、可動的税収である営業税により多く依存せざるをえないという事情もある[8]。

　第3に、営業税は連邦基本法（憲法）によって市町村に保障された物税（Realsteuer）であり、市町村財政における等価原則、利益調整原則を実現するもの、つまり企業向けの自治体公共サービスに対する応益原則的課税という性格を持つ。ところがこれまでの改革で営業税は、その課税ベースから外形標準的要素を脱落させて事実上の純収益税になり、また課税最低限も順次引き上げられてきた。その結果、営業税は現実には一部の企業とくに大企業が負担する市町村税になっている。全企業に占める営業税納税企業の比重は1990年にはまだ42％あったが、2000年前後には約35％にまで低下している。そして1994年の数字でみると、全企業数のわずか3％の大企業が営業税総額の3分の2を担っているのである[9]。

(2) 営業税への批判

　このような営業税の現状は、それを主要税源とする市町村の側にとっても、負担する経済界の側にとっても重大な問題であり、もはや営業税改革は先送りできない課題と認識されている。市町村とくに都市の側にとっては、外形標準課税的要素を失った営業税は税収の景気変動性や地域的偏在性、一部企業のみの負担という欠陥があり、営業税の原点である等価原則や利益調整原則に適合させるためには課税ベースの拡大という営業税の再生（Revitalisierung der Gewerbesteuer）こそが望ましい[10]。これに対して経済界の側からすれば、一部の黒字企業に負担が集中する現行営業税は、グローバル化の中でのドイツ経済発展の障害となるだけでなく、市町村における民主主義システムの変質をもたらしかねないのであり、それゆえ営業税廃止こそが必要とされる。そこで以下ではドイツ工業連盟（以下、BDIと略記）の前掲『憲法精神に適合的な営業税改革』（以下、『改革』と略記）に着目して、その営業税批判の論理、改革の目標、改革提案を検討してみよう。

　『改革』によれば、企業の側からみて現行営業税は次のような六つの要因によって経済的損害を引き起こしている[11]。

　①営業税は営業税とは関係のない多数派をして、納税する少数派の負担となる増税を決定するようにそそのかす、という民主主義の変質（demokratishe Denatarierung）をもたらす。

　②営業税はまさに最も高いリスクにあるような経済的活動への高い特別負担になる。

　③営業税は輸出に課税し輸入に課税しないことによって、ドイツ国内での企業立地や雇用の負担となり、国際的な競争に歪みを与える。

　④営業税のコスト算入において中小企業は構造的な不利益を被っている。

　⑤所得税・法人税の課税ベースの拡大は、営業税にも波及効果をもたらすが、それに対応した賦課率の引き下げはなされていない。

　⑥所得税課税システムとその改革への努力と、営業税は調和していない。

そして、この中でも BDI がとくに重大視しているのが、営業税による民主主義の変質という事態である。『改革』の序文では次のように述べられている。

「営業税の歴史は、ひとつの誤った発展の歴史である。営業税は、営業経済にとっては正当化できない特別負担であり、市町村にとっては重要ではあるが、もはやその財政システムの需要に適合しない礎石であり、学界にとっては絶えざるつまずきの石であり、そしてこれらすべてにとってはその根本的改革を求めてやまない租税である。過去何十年間において営業税改革の多くの提案がなされてきた。経済の成功と営業税はもはや相容れないという認識はますます広がってきているにもかかわらず、立法者は些細な介入と租税技術上の回避反応をしてきただけであった」。

「このような誤った発展の原因を問うならば、それは営業税による民主主義の変質のせいである。市町村における負担能力あるすべての市民と企業が、その市町村の需要と要求への資金調達に義務を負うのではなく、ますます大きな負担が営業企業という縮小しつつある少数派に一方的に負わされていた。ここでは市民の自己責任という意味での自治の思想は途中でだめになってしまった。営業税は直接的課税体系の中での異物となり、改革の主要な阻害になってしまった」[12]。

つまり営業税は、市町村に税率操作権があり、また有権者たる市民の直接的負担とはならないがゆえに、市町村の財政需要に応じうる財源としてもっぱら利用されやすい。これは選挙権のない政治的少数派の企業にとっては、政治的多数派たる市民によって一方的に負担拡大だけを押し付けられることになり、まさに「民主主義の変質」ということになる。

(3) 営業税改革の目標

さて、営業税の改革にあたっての目標は『改革』によれば、営業税の欠陥そのものから与えられているのであり、そこでは次の四つの原則があげられている。

①市町村歳出に関する納税市民の財政的関与をできるだけ広い民主主義的基

盤で設定すること。

　②経済の当然の利害が、市町村のそれと同様に正当に評価されること。

　③負担能力と負担の公平の配慮の下で、所得課税システムに適合すること。

　④租税システムの簡素化に寄与すること。

　このような原則に立つならば、ドイツ都市会議など市町村サイドが主張する営業税再生案や地方付加価値税案は、当然却下される。他方、1997年に実施された営業税の売上税市町村参与への転換は、営業資本税を廃止して一つの重要な構造的清算になったが、営業税負担は持続的には緩和されていない。しかしこの改革路線をさらに進めることは市町村サイドによって拒否されている。その上、企業にとっては営業税引き上げや課税ベース拡大が、残った営業税の一面的負担拡大をもたらすという危険も取り除かれていない[13]。そして結論としてBDI『改革』が提起する解決策は、現行営業税を地方所得・利潤税に再編するというものである。そこで次節ではBDIの言う地方所得・利潤税の構想を検討してみよう。

II　所得税・法人税への付加税案

(1)　地方所得・利潤税の導入

　『改革』で求める地方所得・利潤税（Kommunale Einkommen-und Gewinnsteuer）の構想は次のようなものである[14]。

　①現行の営業税と所得税市町村参与（15％分）を廃止する。

　②その代替財源として市町村は、連邦・州の共通税たる所得税および法人税に付加税を課す。

　③付加税は比例税とし、各市町村はその税率操作権を持つ。

　④不動産税は市町村税として維持される。

　つまり、地方所得・利潤税案とは、具体的には所得税・法人税への地方付加税である。そしてこの構想でとくに重視されているのが、所得税付加税によっ

てすべての納税市民が市町村の財政負担の責任を担うようになること、また市町村が独自の税率操作権を行使できるようになることである。市民に所得税付加税を課すことの意義について『改革』は次のように言う。

「すべての納税義務のある市民が課税対象になることによって、営業税においてはひどく無視されていた市町村における民主主義原則が再び有効となる。市町村自治は負担能力のあるすべての市民が自らの需要や要求の達成のために責任を担うことを必要とする。市町村による課税の高さは、市町村市民に政治的に要求できる範囲で決定されるべきである」[15]、と。

つまり、営業税によって変質させられていた市町村における民主主義は、市民負担となる所得税付加税によって再生されるというのである。

また、所得税付加税による民主主義の再生には市町村独自の税率操作権が不可欠のものとされる。「市町村は所得税・法人税での付加税率操作権を保持するが、これは市町村が納税義務のあるすべての市民に対して、統一的ということでは今日と同様であるが、今日とちがって効果的に行使してよいものである。この方法によって、誰もがその可能性に応じて市町村の資金調達に引き込まれ、そして企業への一方的な請求が排除されることが、保障される。政治的自治要素としてのこのような広範な民主主義の定着が、制限なしの地方付加税率操作権の維持にとっての前提である」[16]、と。

なお、所得税については従来から確かに市町村参与という形で市町村にも収入が確保されていたが、改革によってこの収入が自治的に決定できるようになる。つまり、「連邦法によって固定された毎年の交付金の配分をめぐる絶え間ない論争に替わって、いまや各市町村は自己責任の下でそのすべての納税市民に対して自らの必要とする所得税を決定することできる」[17]。

(2) 改革による租税構造の変化

地方所得・利潤税の導入は連邦・州・市町村の租税構造にどのような変化を与えるのであろうか。その際、留意しなくてはならないのはドイツ政府は2000年の税制改正（減税法）によって、すでに所得税と法人税の税率を2005年まで

に順次引き下げることを決定していることである。つまり2000年から2005年にかけて、所得税の最高税率は51.0％から42.0％へ、最低税率は22.0％から15.0％へと引き下げられ、法人税率は40％（留保分）・30％（配当分）から一律25％に引き下げられて、営業税を含めた法人実効税率は48.55％から38.47％へ低下することになる[18]。BDI案もこの所得税、法人税の税率引き下げを前提にして、2005年の改革目標の数値を計上している。

　BDI案によれば、市町村は2005年の数値で営業税廃止によって493億マルク、所得税市町村参与分廃止によって508億マルクを失い、合計1001億マルクの減収となる。そして市町村の税収中立を維持するために、市町村は所得税および法人税に対してそれぞれ30.3％の付加税を賦課すれば、所得税付加税で767億マルク、法人税付加税で233億マルク、合計1000億マルクを確保することができるという。その際、所得税の最低税率は本税11.5％と付加税3.5％で合計15.0％、最高税率は本税32.2％、付加税9.8％で合計42.0％になり、2000年税制改正の目標税率に対応している。また法人税は本税28.6％、付加税8.7％で合計37.3％になり、2000年税制改正での法人実効税率の目標38.47％をわずかに下回ることになる[19]。

　また市町村と連邦・州における租税収入の相殺関係は表6－1のように総括される。市町村は前述のように、営業税および所得税市町村参与の廃止による1001億マルクの減収と、所得税と法人税に対して合計1000億マルクの付加税収入の可能性が生じる。一方、連邦・州では営業税納付金の廃止、所得税率引き下げ、等による1005億マルクの減収は、所得税市町村参与廃止、所得税・法人税での営業税額控除および営業税負担の経費算入の廃止、法人税率引き上げ、等による996億マルクの増収によってほぼ相殺されることになる。

　ところで以上のような市町村の租税収入の相殺関係は、あくまでマクロの視点でみた市町村全体の租税収入であり、かつ付加税徴収の可能性を展望したにすぎない。言うまでもなく営業税と所得税市町村参与の廃止による減収の影響は、個々の市町村によって様々に異なるはずである。したがって税収中立を確保するための所得税・法人税への付加税率は市町村によって相当な格差が発生

表6-1 BDI案による市町村、連邦・州の租税収入の変化

(単位：億マルク)

市町村の減収	1,001
営業税廃止（納付金除く）	493
所得税市町村参与廃止	508
市町村の増収（付加税の余地）	1,000
所得税率引き下げ（11.5〜32.2%へ）	767
法人税率引き上げ（28.6%へ）	233
連邦・州の減収	1,005
営業税納付金廃止	197
所得税率引き下げ	767
所得税連帯付加分	41
連邦・州の増収	996
所得税市町村参与廃止	508
営業税控除廃止（連帯付加分含む）	206
営業税のコスト算入廃止（連帯付加分含む）	124
法人税率引き上げ	117
所得税市町村付加税連帯分	41

出所) BDI/VCI, *Verfassungskonforme Reform der Gewerbesteuer, Juni 2001*, S. 30.

する可能性がある。とくに重大なのは、従来から営業税依存の度合いが強かった企業立地市町村や大都市ほど、所得税・法人税への付加税率が高くならざるをえないことである。この付加税率の市町村格差問題についてBDI『改革』では、その現実的可能性を示唆しつつも、その代表的な事例研究が必要であることと、売上税市町村配分での若干の調整（企業立地市町村への配慮）の可能性を指摘するにとどまっている[20]。

(3) 小括

さてBDIは『改革』の結論において上記のような地方所得・利潤税案を次のように総括している。「ここに提示されているモデルは政治的に極めて理想の高い計画である。けれどもそれは、議論されている他の解決策に比べてもあらゆる優位性を備えている。このモデルは企業や自由業そして他のすべての納税義務者をその負担能力の程度に応じて課税統治に取りこむことになり、市町

村はこの課税統治を自己責任において資金調達源として利用することができる。これによって市町村自治は真剣に扱われ、市民の負担能力に厳密に適合するようになり、経済への損害を避けることになる。交付金への依存は縮小し、市町村の財政自治は強化され、市町村間の競争により多くの余地が与えられ、重要な資金調達源である営業税の憲法上の困難という切迫した危険についてはその基盤も取り去られることになる。所得税と法人税は市町村に広い課税ベースを提供する。給与税と売上税は営業税よりもずっと安定的に推移する。市町村は売上税での配分を、利口な人口流入政策を通じて『間接的な賦課権』という意味で独自に引き上げることができる」[21]。

　確かに経済界や企業からみれば、市町村が営業税の替わりにとくに所得税付加税での税率操作権を行使するようになれば、市町村や居住市民の自己責任の下で財政運営がなされるのであり、これこそ自治・民主主義の実現ということになる。また付加税率の市町村間格差の存在も、財政運営における市町村間の競争促進という側面で評価されている。

　ところが自治の当事者たる市町村や納税市民からすれば、税収中立を確保するためには所得税・法人税への付加税率がどの程度になるのかという展望がなければ、改革への正確な評価も困難であろう。またとりわけ大都市圏においては中心都市と周辺市町村の付加税率格差が大きくなることが予想されるが、これが果たして市町村間の正常な競争や市町村での自治意識向上に結びつくのかという疑問も生じる。そこで次の第Ⅲ節では、最近のドイツでの実証研究の成果を利用して、予想される所得税・法人税での付加税率格差の実態を概観してみよう。その上で第Ⅳ節では、ドイツ都市会議の議論を中心に都市の視点からみた所得税・法人税への地方付加税というBDI案の問題点を検討しよう。

III 市町村間の付加税率格差

(1) 連邦3州での比較

C. フュエストとB. ヒューバーはザールラント州経済省の委託研究として2001年6月に『営業税の改革に向けて』[22]を発表しているが、そこではザールラント州、バイエルン州、ザクセン州を事例に営業税廃止にともなう所得税・法人税の付加税率の動向が試算されている。なおこの3州は、小規模州でかつ財政力の弱い州（ザールラント）、大規模州でかつ財政力の強い州（バイエルン）、旧東独地域の州（ザクセン）という特徴を持つ。また統計上の偏りを回避するために付加税率の比較は市町村ごとではなくバイエルン、ザクセンでは郡（Kreis）レベルで、ザールラントでは県（Regierungsbezirke）レベルで行われている。なお、前節のBDIモデルが2000年税制改正による減税を前提に2005年時点での付加税率を予測しているが、ここでの試算は1998～99年の税収実績を基準に付加税率を逆算するというものである。その試算に際しての前提条件は以下のとおりである。①営業税廃止による減収には、市町村の営業税純収入だけでなく、連邦・州への営業税納付金も含める。②代替財源は所得税と法人税であるが、法人税収に関しては郡ごとの統計数値が利用できないので営業税実績から類推し、また所得税収入実績には市町村参与分も含める[23]。

さて表6-2は、ザールラント州での1999年の税収実績とそこから試算される付加税率である。州全体でみると営業税粗収入が4億6832万マルクであり、一方所得税総収入は29億7696万マルク、法人税収入2億170万マルクで、所得税・法人税合計が31億7866万マルクとなる。かくして営業税廃止による減収分（4.6億マルク）を相殺するには、ザールラント州内平均で所得税・法人税（31.7億マルク）に14.7%の付加税を賦課する必要がある。けれども郡レベルで比較すると一定の格差が生じており、都市部であるザールブリュッケンでは付加税率21.0%に達するのに大して、農村部のザンクト・ヴェンデルでは8.4

表6-2 ザールラント州での付加税率の試算（1999年）

(単位：万マルク)

県	粗営業税	法人税	所得税市町村参与	所得税総額	所得税＋法人税	付加税率(％)
ザールブリュッケン	2,228	959	1,451	9,676	10,635	21.0
メルチック・ヴァーデルン	284	122	410	2,737	2,860	9.95
ノイキルヒィエン	464	200	605	4,034	4,234	11.0
ザールロイス	682	293	900	6,004	6,297	10.8
ザールプファルツ	798	344	711	4,741	5,085	15.7
ザンクト・ヴェンデル	224	96	386	2,575	2,672	8.4
ザールラント州全体	46,832	2,017	4,465	29,769	31,786	14.7

注) 粗営業税とは、連邦・州への納付金を含む営業税総額。
出所) Fuest/Huber, *Zur Reform der Gewerbesteuer*, München 2001, S. 39.

表6-3 バイエルン州での付加税率の試算（1999年）

(単位：100万マルク)

郡	粗営業税	法人税	所得税市町村参与	所得税総額	所得税＋法人税	付加税率(％)
オーバーバイエルン	4,367	3,739	2,760	18,403	11,296	19.7
ニーダーバイエルン	531	461	600	4,002	4,464	11.9
オーバープファルツ	522	453	560	3,736	4,190	12.5
オーバーフランケン	602	523	653	4,356	4,879	12.3
ミッテルフランケン	1,081	939	1,105	7,367	8,306	13.0
ウンターフランケン	763	663	763	5,089	5,752	13.3
シュヴァーベン	866	752	1,048	6,992	7,745	11.2
バイエルン州全体	8,736	7,587	7,492	49,947	57,355	15.2

出所) Fuest/Huber, a. a. O., S. 43.

％にすぎない。

　次に表6-3はバイエルン州での1999年の税収実績とそこから試算される付加税率を表わしている。バイエルン州平均では15.2％の付加税率が必要となるが、ここでも都市部のオーバーバイエルンが最高の19.7％になるのに対して、農村部のシュヴァーベンが11.2％、ニーダーバイエルンが11.9％にすぎないという格差が生じている。

　このように同一州内で郡レベルでも付加税率の格差が発生する原因について、フュエストとヒューバーは次のように考える。①経済力のある都市部ではもと

表6-4　ザクセン州での付加税率の試算（1998年）

(単位：100万マルク)

郡	粗営業税	法人税	所得税市町村参与	所得税総額	所得税+法人税	付加税率(%)
ケムニッツ	299	191	270	1,804	1,996	15.0
ドレスデン	400	256	329	2,197	2,453	16.3
ライプチッヒ	330	211	206	1,377	1,589	20.8
ザクセン州全体	1,030	659	806	5,379	6,039	17.1

出所）Fuest/Huber, a. a. O., S. 47.

もと営業税収入が高い。②都市には通勤流入人口が多く、彼らの所得税は周辺の小さな居住市町村に流入する。③それゆえ、中心の大都市は営業税収入は高いが、所得税収入は相対的に低く、反対に人口の少ない小規模市町村ではその逆になる。④営業税収入を所得税・法人税付加税で代替しようとすれば、結果的に付加税率は大都市は高く、小規模市町村は低いという格差が発生する、と[24]。

また、経済力と財政力に大きな格差のあるバイエルン州とザールラント州において、その州内平均付加税率がともにほぼ15%であり、また郡（県）別の付加税率も10～20%という同程度の範囲におさまっているのは、「驚くべき事実」である。これについてフュエストらは、バイエルンはザールラントよりも一人当たり税収でみて営業税だけでなく所得税・法人税でも高いため、結果的に付加税率は近似してしまう、と考えている[25]。

そして表6-4は、旧東独地域であるザクセン州の1998年の税収実績とそこから試算される付加税率である。ザクセン州平均の17.1%という付加税率は、旧西独地域のザールラント、バイエルンよりもやや高くなっている。また郡ごとの付加税率は15.0%から20.8%という幅にあり、その格差の度合いは旧西独地域よりやや緩い。

最後に参考までに1999年時点での連邦各州の付加税率平均の試算をあげておこう。ドイツ全体の平均は15.8%であり、都市州ハンブルクの24.0%を除けば、各州の平均付加税率は11.9%から17.9%の幅に分散している。また旧西独地域

平均16.1%、旧東独地域平均16.0%、都市州平均18.3%であった。なおハンブルクがとくに高くなっているのは、その経済力による高い営業税収入と、郊外からの通勤流入人口が多いための低い所得税収入のギャップという、大都市構造ゆえの問題がその背景にある[26]。

さて、上記の試算では郡レベルの比較であるがそこには一定の付加税率格差が生じること、そしてその背景には都市と農村の社会・経済構造のちがい、また大都市圏における中心都市と周辺市町村の社会・経済構造のちがいがありうることが示された。そこで次に、市町村レベルの付加税率格差を試算した資料に注目して、これらの点についてさらに検討してみたい。

(2) 中心都市と周辺市町村の付加税率格差

営業税改革の議論が現実的になるにともない連邦財務省に市町村財政改革委員会が設置された。そして「地方税」作業グループが2003年6月20日付で『報告書』[27]を同委員会に提出している。そこでは営業税改革の二つの代表的案として自治体モデル（営業税の再生）と前述のBDIモデルをとりあげ、改革による市町村租税構造への影響を実証的に検証しているのである。

同『報告書』はドイツ全国の市町村から239市町村を選び出し、これらの市町村を人口・居住構造の特徴から①中核都市（集積地域）、②中核都市（都市化地域）、③都市（その他居住地域）、④周辺市町村、⑤その他市町村（農村地域）の五つのグループに区分している。さて『報告書』によれば、BDIモデルで連邦全体で税収中立を確保するには所得税・法人税への付加税率は平均で22.76%が必要である（1998年度の税収実績による調査）。そして表6-5は統一付加税率22.76%で課税した場合の都市・市町村グループごとの税収変化を示している。従来の営業税を廃止して所得税・法人税付加税（統一税率）に代替すると、規模の小さい周辺市町村では20.36%、農村部市町村では16.50%の増収になるのに対して、逆に大都市である中核都市（集積地域）では18.76%もの減収になり、中核都市（都市化地域）でも5.42%、その他都市でも1.06%の減収になってしまう。

表6-5 BDIモデルによる市町村租税収入の変化

	市町村租税ベース	付加税収入			増減(%)
		所得税付加税	法人税加税	計	
中核都市（集積地域）	9,921	5,896	2,164	8,060	−18.76
中核都市（都市化地域）	1,830	1,320	410	1,731	−5.42
都市（その他居住地域）	1,282	1,069	199	1,268	−1.06
周辺市町村	732	751	129	881	+20.36
その他市町村（農村部）	256	262	36	299	+16.50
239市町村合計	14,023	9,300	2,940	12,240	−12.71

注）付加税率は22.76%で共通。
出所）Berict der Arbeitsgruppe ‚Kommunalsteuer', S. 14.

表6-6 BDIモデルによる所得税・法人税付加税率の試算
（単位：%）

	現行営業税の賦課率	BDIモデルの付加税率
中核都市（集積地域）	469	28.01
中核都市（都市化地域）	423	24.06
都市（その他居住地域）	390	23.00
周辺市町村	336	18.92
その他市町村（農村地域）	342	19.54

出所）Bericht, S. 16.

　次に表6-6は、各グループごとで税収中立を確保するために必要な所得税・法人税の付加税率を比較したものである。周辺市町村、農村部市町村はともに19%前後の水準にとどまるのに対して、中核都市（集積地域）は28%、中核都市（都市化地域）でも24%の高さになる。つまり大都市圏の中心都市は、従来の営業税収入分を確保しようとすれば、周辺や農村部の市町村よりも付加税率を10%近く高くしなければならないのである。このことは当然ながら所得税の納税者市民にとっては、居住する市町村によって所得税負担の格差が生じることになる。いま表6-7で、現行制度（2005年度）と付加税導入後の負担を比較すると、あらゆる所得階層において中核都市（集積地域）で4.1～4.2%の負担増加、中核都市（都市化地域）では1.0%の負担増加になるのに対して、周辺市町村では3.0～3.2%の負担減少、農村部市町村では2.5～2.7%の負担減

表6-7 都市・市町村グループごとの被雇用者（既婚者）の所得税負担の増減

年間粗所得		30,000ユーロ	60,000ユーロ	250,000ユーロ
租税負担（2005年税率）		1,606	10,565	91,808
市町村グループ	付加税率	負担の変化率（％）		
中核都市（集積地域）	28.01%	+4.2	+4.1	+4.1
中核都市（都市化地域）	24.06	+1.0	+1.0	+1.0
都市（その他居住地域）	23.00	+0.1	+0.2	+0.2
周辺市町村	18.92	-3.2	-3.0	-3.0
その他市町村（農村部）	19.54	-2.7	-2.7	-2.5

(出所) Bericht, S. 17.

少になっている。

　さてこのように、BDI案のごとく営業税を廃止しつつ、所得税・法人税付加税への市町村の税率操作権を保障すれば、市町村間における無視できないほどの付加税率格差が発生することになる。つまり従来の企業負担に関わる営業税賦課率での市町村格差は、とくに市民負担に関わる所得税付加税率の市町村格差に転換することになる。企業や経済界の視点からすれば、所得税付加税による市民の市町村負担への動員と、付加税率格差による市町村間の競争可能性こそが、営業税によって変質させられてきた市町村における民主主義を再生させるカギになりうると理解されているのである。

　しかしながら市町村行財政の主要な当事者である都市の側からすれば、所得税付加税や付加税率格差には見逃せない重大な問題が発生することになる。そこで次の第Ⅳ節では、ドイツ都市会議によるBDI案への批判を検討してみよう。

Ⅳ　都市からみた所得税・法人税付加税案

(1)　都市会議によるBDI案批判

　都市の利害を代表するドイツ都市会議は、営業税を廃止し所得税・法人税付

加税を導入するという BDI 案に対しては、極めて批判的な立場をとっている。フランクフルト・アム・マイン市長でありドイツ都市会議副会長（当時）の P. ロートは「営業税の現代化か、廃止か」（2002年5月）[28]という論文で BDI 案に対して次のような論拠をあげて反対している[29]。

　第1に、BDI 案の現実化は大都市圏での中心都市・周辺市町村問題を相当に先鋭化させてしまう。中心都市はその市民に周辺市町村よりも重い課税をせざるをえないが、そうなれば住民の郊外流出への刺激がさらに強まってしまう。企業の立地選択と比べると市民の居住地選択はずっと弾力的であるからである。高い累進課税のかかる高額所得者にはとくに郊外流出への刺激になりかねない。このような人口構造問題や都市の財政的出血は、長期的にみて都市にとって、また都市に集積する経済にとっても致命的な帰結になりかねないのである。

　第2に、所得税賦課権は市町村住民にとって市町村歳出決定を認識しやすくするという論拠は、大規模な中心都市の視点からすれば成り立たない。というのも中心都市の施設やサービスの大半は周辺市町村市民によって利用されているにもかかわらず、中心都市は彼らに共同負担を求めることができないのである。かくして中心都市における所得税付加税率引き上げはもっぱら都市住民の負担になるが、その都市住民とは低い勤労所得・移転所得の人々が平均以上の割合を占めているのである。

　第3に、BDI 案とは結局は、現在の営業税納付企業から広範な所得税納税市民への租税負担の再配分であるが、市民の相当な負担増大はとりわけ大都市において必然的に発生してしまう。

　第4に、負担能力の現れとしての個人所得に課される租税である給与税・所得税において、納税義務者の居住地によって租税負担の地域的差異が発生するのは原則として不適切である。

　このように都市とくに大都市の立場からすると、BDI の所得税・法人税付加税案とは、都市構造や都市財政を弱体化させかねないこと、都市においては所得税付加税での受益と負担の対応関係は幻想であること、都市における低所得住民の負担拡大が懸念されることなどの問題があり、受け入れられないこと

になる。

(2) 自治体モデルとBDIモデル

　ドイツ都市会議は営業税を廃止するという方向には断固反対であり、市町村税システム改革にあたっては営業税の現代化ないし再生こそが必要と考えている。都市は地域経済に関連した固有の租税を税率操作権とともに持つべきという立場である。そして営業税の現代化とは基本的には課税ベースの拡大であり、現行営業税では課税されていない自由業も含めてあらゆる経済主体が事業立地市町村の財政負担に動員される必要があるとする[30]。

　ところで前述の連邦財務省・市町村財政改革委員会の「地方税」作業グループの『報告書』において、BDIモデルと並んで営業税改革の自治体モデルの試算もなされている。ここでの自治体モデルとは、基本的には①課税ベースとして企業純収益に加えて支払い利子、賃料、リース料も含める、②自由業も納税義務者となる、③市町村の賦課率操作権は維持する、というものであり、都市会議の求める営業税課税ベースの拡大、営業税の現代化に近いものである[31]。そこでBDI案をより客観的に評価するために自治体モデルの試算結果とも対比してみよう。

　表6-8は、現行営業税と自治体モデル営業税の下での租税収入（営業税純収入と所得税市町村参与分）を都市・市町村グループ別に比較したものである。ここでは連邦の市町村全体で税収中立が維持できるように租税指数を調整（株式会社などの資本会社と法人は3.76％、個人企業は1.87％）してある。自治体モデルによって選択された239市町村全体では4.08％の増収であり、中核都市（都市化地域）が9％増とやや高いが、他の4グループは2～4％増であり税収変化のバラツキは少ないと言えよう。

　次に表6-9は、市町村租税ベースでの納税者種類別の負担割合を現行制度、自治体モデル、BDIモデルで比較したものでる。ここでは2005年の予測数値で現行制度では営業税純収入197.5億ユーロ、所得税市町村参与分304.0億ユーロ、合計501.5億ユーロとされており、自治体モデル、BDIモデルでもほぼ税

表6-8　自治体モデルによる市町村税収の変化

(単位：100万ユーロ)

	市町村租税収入(1998年)	自治体モデルによる市町村租税収入	変化率(%)
中核都市（集積地域）	9,921	10,299	+3.11
中核都市（都市化地域）	1,830	2,000	+9.32
都市（その他居住地域）	1,252	1,333	+4.02
周辺市町村	732	766	+4.65
その他市町村（農村部）	256	263	+2.51
239市町村合計	14,023	14,595	+4.08

出所）*Bericht*, S. 13.

表6-9　市町村租税ベースにおける納税者種類別の負担割合

	現行制度		自治体モデル		BDIモデル	
	10億ユーロ	%	10億ユーロ	%	10億ユーロ	%
資本会社	12.08	24.1	12.74	236.	8.31	16.6
個人企業	11.73	23.4	11.00	20.4	6.50	13.0
自営業	2.48	4.9	6.38	11.8	3.32	6.6
その他所得税納税者（被雇用者など）	23.86	47.6	23.92	44.2	32.02	63.8
合　　計	50.15	100.0	54.04	100.0	50.15	100.0

出所）*Bericht*, S. 21.

収中立が想定されている。現行制度と比較すると、自治体モデルで目立つのが自営業者の負担比重が4.9%から11.8%へと7ポイントも上昇していることである。これは自由業が営業税納税義務者になったことと密接に関連しているのであろう。一方、BDIモデルで目立つのは、その他の所得税納税者（被雇用者など）の負担比重が47.6%から63.3%へと15ポイントも上昇し、逆に資本会社、個人企業の負担比重はともに10ポイント前後低下しているのである。BDIモデルによっては、市町村税における企業負担が減少し、市民負担が増加するのは顕著な特質になっている。

　このように都市部において付加税率が高くなり、都市市民の所得税負担が高くなってしまうのは、BDI案の本質的特徴といってよい。経済界の立場から

すれば、納税者市民との緊張関係をはらむこうした経過こそが、市町村間の競争や市町村行財政の効率化を促進すると期待されているのである。だが逆に言えば、これは都市サイドからの反発を呼び、BDI案の政治的実現可能性を弱めかねないであろう。

おわりに

BDIによる所得税・法人税付加税案は、結果的に市町村財政における市民負担と民主主義の問題をクローズアップさせることになった。企業や経済界の立場からすれば、市町村の責任で納税者市民に所得税付加税を求めることが、市町村における民主主義の前提になる。ところが都市の立場からすれば、現実の都市圏の社会経済構造の下では、BDI流の民主主義は十分に機能する保障はないし、都市市民が一方的に租税負担拡大を被ることになってしまうがゆえに、到底受け入れられない。都市は都市行財政と経済の関連を重視し、企業への応益原則的な課税の意義を強調する。しかし、都市が求める営業税の再生、営業税の現代化という方向は経済界からは拒否されている。1960年代以降続いている営業税改革をめぐる議論・論争は21世紀に入っていよいよ最終局面に入りつつあるが、原則面での隔たりはかなり深いと言わざるをえない。

注
1) 営業税改革、代替案に関する最近の議論の整理については、Michael Broer, Ersatzvorschläge für die Gewerbesteuer, *Wirtschatsdienst*, 12/2001, Horst Zimmermann, Gewerbesteuer-in welche Richtung?, *Wirtschaftsdienst*, 8/2002, を参照されたい。
2) Bundesverband der Deutschen Industrie e. V. und Verband der Chemischen Industrie e. V. (Hrsg.), *Verfassungskonforme Reform der Gewerbesteuer*, 2001.
3) 例えば、Karl-Heinrich Hansmeyer/Horst Zimmermann, Bewegliche Einkommensbesteuerung durch die Gemeinden, *Wirtschaftsdienst*, 12/1991, ders, Einfuhrung eines Hebesatzrechts beim gemeindlichen Einkommensteuer-

anteil, *Wirtschaftsdienst*, 9/1992.
4) BDIと同じ趣旨の議論については、Mattias Sander, Ersatz der Gewerbesteuer durch eine Gemeindeeinkommensteuer, *Wirtschatsdienst*, 8/2001.
5) Bundesministerium der Finanzen, *Finanzbericht* 2002, S. 185.
6) BDI/VCI, a. a. O., S. 8.
7) Ebenda, S. 7.
8) この点については、本書第3章、参照。
9) BDI/VCI, a. a. O., S. 9.
10) 本書第2章、第5章、参照。
11) BDI/CVI, a. a. O., S. 11.
12) Ebenda, S. 5.
13) Ebenda, S. 17.
14) Ebenda, S. 17.
15) Ebenda, S. 18.
16) Ebenda, S. 18-19.
17) Ebenda, S. 19. なおザンダーは前掲論文で、BDI案と同趣旨から営業税の代替財源として市町村所得税を提案しているが、そこでは次のように市町村所得税の意義を述べている。「市町村所得税においては次のことが特徴的である。つまりそれは、営業税や固定的な所得税市町村参与また交付金などよりも、決定者による調達要求が市民の前により強く主張される収入源として現れるのである。財政上の等価原則が明白にしているように、経済学の観点からは次のことが不可欠である。つまり、市民に役立つ追加的自治体サービスと市民から調達される追加的収入が可能なかぎり念入りに比較考量されることである。自治体決定に際しての費用と便益についてのそのような比較考量は市町村所得税によって明白に促進される。そうなれば、市民の目から見てお金がいわば天から降ってくる場合よりも、浪費がずっと少なくなることが期待できる。なぜならそこには可動的租税によって市民が認識できる負担を欠いているからである。同時に市町村所得税には、効率向上のため市町村間の競争を活性化する重要な要素を見ることができる」(Sander, a. a. O., S. 455.)。
18) 財務省『財政金融統計月報』2003年4月号、9ページ。
19) BDI/VCI, a. a. O., S. 28-29.
20) Ebenda, S. 30.
21) Ebenda, S. 32.

22) Clemens Fuest/Bernd Huber, *Zur Reform der Gewerbesteuer, Gutachten, erstellt in Auftrag des Ministeriums für Wirtschaft im Saarland, München 18. Juni 2001.*
23) Ebenda, S. 33-37.
24) Ebenda, S. 44.
25) Ebenda, S. 43.
26) Ebenda, S. 47.
27) Bundesministeium der Finanzen Sekretariat der Arbeitsgruppe ‚Kommunalesteuern', *Bericht der Arbeitsgruppe ‚Kommunalesteuern' an die Kommission zur Reform der Gemeindefinanzen, vom 20. Juni 2003.*
28) Petra Roth, Modernisierung statt Abschaffung der Gewerbesteuer, *Wirtscaftsdienst*, 5/2002.
29) Ebenda, S. 259-260.
30) Ebenda, S. 258-259.
31) *Bericht der Arbeitsgruppe*, S. 3-4.

第7章　営業税代替をめぐる妥協的改革案

はじめに

　ドイツ市町村の基幹的税収である営業税の改革については、同税を廃止ないし縮小するにあたってその代替財源をいかなる租税に求めるべきかで重大な対立、論争が生じている。営業税の主要な代替案には、地方付加価値税、売上税市町村参与拡大、所得税・法人税への付加税などがあるが、これら代替提案は現行営業税へのそれぞれの立場からの批判や限界認識を根拠に提起されており、それ自身は明解かつ大胆な改革方向を提示している。だが現行営業税を全面的に廃止し、新たな租税基盤に移行させようとする改革は、その改革が大胆であるほど市町村税の利害関係者の対立と反発を呼び起こし、その政治的実現可能性を小さくしてしまう。この点はすでに本書第4章～第6章で明らかにしてきたとおりである[1]。そうした中で近年ドイツにおいては、主要な営業税代替案に関わってより実現可能性を高めるような一種の妥協的改革案も提案されるようになっている。そこで本章では、営業税の代替としての地方付加価値税案、売上税市町村参与拡大案、所得税・法人税付加税案を実現するための妥協的な改革案を紹介し、あわせて若干の検討を加えてみたい。

I　地方付加価値税と売上税控除

(1)　改革の骨子とモデル

　営業税の欠陥を取り除くための代替策として従来から議論されてきた代表的提案には、地方付加価値税と売上税市町村参与の二つがある。周知のとおり前者は1982年の連邦財務省学術顧問団報告で提案されたが結局実現されず、後者は1998年より営業資本税廃止の見返りにその一部が実現されたにすぎない。ところで両者は所得型と消費型の違いがあるとはいえ、課税ベースを付加価値に置くことでは共通している。都市・市町村サイドは営業税の再生を求めつつも、経済と自治体の関連を強化し、かつ税率操作権も備える地方付加価値税案には好意的であるが、税率操作権のない売上税市町村参与には否定的である。一方、企業・経済界サイドはドイツの経済活力や国際競争力を阻害するとして地方付加価値税には反対であり、連邦・州・市町村の共通税である売上税への市町村参与拡大を求めている。かくして都市・市町村と企業・経済界の利害対立の中で、営業税代替をめぐるこの二つの提案の実現は政治的には困難になっていた。こうした中で、ギーセン大学のW. シェルフは、「地方財政問題」をテーマにした2000年のドイツ社会政策学会大会（コンスタンツ）において、営業税代替策として地方付加価値税と売上税を結合させた興味深い提案を報告している。それは企業の地方付加価値税額を当該企業の売上税納付額から控除するというものであり、地方付加価値税を原則的に導入するための一種の妥協策と言えるものである[2]。以下、シェルフの提案内容をみてみよう。

　シェルフの改革提案は次の四つの要素からなる[3]。①税率操作権のついた地方付加価値税によって営業税に代替する。②各企業の売上税納付額から全国平均税率に基づいた当該企業の標準的地方付加価値税額を控除する。③同措置による売上税減収分を補てんするために売上税率を引き上げる。④売上税の市町村参与および営業税納付金の廃止によって租税連合を解体する。

表7-1 通常の地方付加価値税モデル

		企業1	企業2	企業3
1	租税基準額	5,000	5,000	5,000
2	賦課率	250%	150%	200%
3	地方付加価値税 （1）×（2）	12,500	7,500	10,000
4	所得税効果 －［30%×（3）］	－3,750	－2,250	－3,000
5	企業の純負担 （3）－（4）	8,750	5,250	7,000
6	平均との租税格差 （5）－7000	1,750	－1,750	－

出所）Wolfgang Scherf, Perspektiven der kommunalen Besteuerung, *Schriften des Vereins für Socialpoltik*, NF. Band 283, 2001, S. 34.

さて実際の企業の租税負担はどうなるであろうか。シェルフは通常の地方付加価値税モデルと地方付加価値税の売上税控除モデルを比較して説明している。表7-1は通常の地方付加価値税モデルでの企業負担の例である。地方付加価値税は各企業の租税基準額（Messbetrag）に各市町村独自の賦課率（Hebesatz）を乗じて決定される。租税基準額とは各企業の課税ベース（加算型付加価値：賃金、利払い、賃料、利潤）に法定の租税指数（Steuermess）を乗じたものである。企業1～3の租税基準額は5000で同額であるが、立地する市町村1～3の賦課率は250%、150%、200%と相違している。したがって企業1～3の地方付加価値税額は各々1万2500、7500、1万となる。ただ、地方付加価値税は物税として企業コストの一部に算入され、所得税（法人税）の課税ベースを縮小する。つまりそれだけ所得税（法人税）が減税される。所得税率を30%と仮定すれば、企業1～3の純負担は8750、5250、7000となる。市町村3の賦課率200%が全国平均水準とすれば、租税基準額が同規模つまり付加価値額が同規模の企業でも、立地する市町村の賦課率の違いによって前後1750の負担格差が生じることになる。

次に表7-2は、地方付加価値税を当該企業の売上税から控除するモデルである。企業・市町村1～3の設定は表7-1と同様であり、市町村3の賦課率200%が同時に全国平均水準とする。企業1～3の地方付加価値税額は各々1万2500、7500、1万である。しかし企業が納付すべき売上税から実際に控除できるのは平均賦課率200%に基づいた1万である。かくして企業1では地方付

表7-2　地方付加価値税の売上税控除モデル

			企業1	企業2	企業3
1	租税基準額		5,000	5,000	5,000
2	賦課率		250%	150%	200%
3	地方付加価値税	（1）×（2）	12,500	7,500	10,000
4	売上税からの控除	（1）×200%	10,000	10,000	10,000
5	地方付加価値税（純額）	（3）−（4）	2,500	−2,500	−
6	売上税引き上げ	70%×（4）	7,000	7,000	7,000
7	所得税効果	−［30%×（5）］	−750	750	−
8	企業の純負担	（5）+（6）+（7）	8,750	5,250	7,000
9	平均との格差	（8）−7000	1,750	−1,750	−
10	控除による税収減		−10,000	−10,000	−10,000
11	税率引き上げによる税収増		7,000	7,000	7,000
12	売上税	(10)+(11)	−3,000	−3,000	−3,000
13	所得税		3,000	3,000	3,000

出所）表7-1に同じ。

加価値税の純負担分は2500になるが、企業2では逆に2500の利得となり、企業3つまり全国平均では差し引きゼロとなる。地方付加価値税を導入しても売上税からの控除によってマクロ的にみると企業負担の増大にはならないのである。

そして税収中立を実現するためにこの売上税控除による減収分（全国平均では1万）は、所得税控除の中止（3000）と売上税率引き上げ（7000）によって達成される。通常の地方付加価値税モデル（表7-1）では、地方付加価値税全額が所得税（法人税）の課税ベースから控除されていたが、売上税控除モデルでは所得税（法人税）から控除されるのは地方付加価値税純負担分のみであり、結果的に全国平均でみると3000の所得税増となる。そして残り7000を売上税率引き上げによってまかなうことになる。かくして算定される売上税控除モデルでの企業1～3の純負担は8750、5250、7000となり、表7-1の通常の地方付加価値税モデルと同水準になる。

各企業の租税負担収支を総括すると、標準の地方付加価値税分1万は売上税控除によって差し引かれるが、その1万のうち7000は売上税率引き上げによって、3000は所得税増加によって相殺される。言うまでもなく売上税の負担は最終的には消費者に転嫁されるため、本来の企業負担とは言えない。つまり売上

税控除モデルでは地方付加価値税の少なくとも7割は結局は消費者が負担することになる。

(2) 売上税控除モデルの評価

さてシェルフはこの売上税控除モデルについて、その実現可能性の利点を次のように強調している。「このモデルの政治的実現可能性の観点での利点は次のことにある。つまり営業税の廃止に際して、市町村の視点からは税率操作権つきの付加価値税が形成され、反対に企業の視点からは平均的に売上税引き上げで終わっている。平均的に負担する企業にとっては、付加価値税は売上税控除の結果として国際競争における立地要因として問題にならなくなり、売上税は仕向地原則の枠組みで国境調整可能であり続けることが前提にされている。かくしてこのモデルは、市町村と経済が一致して営業税改革へと進むチャンスを開くのである」[4]。

また通常の地方付加価値税モデルと比較すると、売上税と結合させたこの地方付加価値税モデルにはいくつかの共通性もあるが特徴的な差異もあるとして、次のようなことを述べている[5]。

第1に、市町村の視点からすれば差異はわずかである。つまり市町村はいずれにせよ税率操作権つきの付加価値税を、そして現行営業税に比べてあらゆる利点を保持することになる。付加価値税が売上税から控除されることは、市町村には関係ないことである。ただ自治体と経済の結びつきは控除の結果、純粋の地方付加価値税の場合よりも緩くなる。なぜなら地域に立地する企業の租税支払いは、当該市町村の付加価値税とは原則として相違するからである。それでも平均以上ないし平均以下の賦課率の効果は地域立地企業に対して完全に現れるから、財政的報償ないし利益調整の原理は本質的には保障される。

第2に、景気政策の観点からすれば、付加価値税収入は景気後退期には売上税収入より鋭く低下してしまう。それゆえ企業は、改革時に税収中立のために税率を高められた売上税から相対的に少ない付加価値税しか控除できない。

第3に、企業にとって控除可能な付加価値税へのこの改革は、平均的には従

来の営業税を売上税引き上げによって代替したことを意味する。それゆえ、この解決には企業によって望まれている投資および輸出への非課税ということが含まれている。

第4に、より重大なことは投資重視型や輸出志向型企業は、同じ賦課率の下でも通常の地方付加価値税に比べて売上税控除型の地方付加価値税から利益を得るということである。これは消費型の純売上税という性質に起因するものである。売上税は成長政策や競争政策の面では傾向的に優れた性質をもつが、財政的報償や利益調整の原理とは衝突する。この点からすれば純投資や輸出の非課税は、とりわけ特定企業の利害に迎合することになる。しかしながら、「税率操作権つきの地方付加価値税を実現する政治的前提を作り出すためにはおそらくこうした代償はしかたなく背負い込まねばならないのである」[6]。

そして結論としてシェルフは言う。「この提案の主な利点は、長い間圧倒的な企業の抵抗にあって失敗してきた付加価値税への移行を、市町村にとってあらゆる本質的利点を残したまま可能にさせることにある」[7]。

II 売上税市町村参与拡大と所得税・法人税での税率操作権

(1) 改革の骨子とねらい

営業税を廃止し、その財源を売上税市町村参与によって代替しようとする主張は、企業や経済界の利害を反映するものであるが、とりわけ連邦納税者連盟＝カール・ブロイヤー研究所はそうした主張を一貫して展開してきた。だが都市サイドからの反対も強く、営業資本税廃止の見返りに1998年に売上税市町村参与が一部（2.3％）導入されたのみで、それ以上の拡大は行われていない。そうした中、同研究所は売上税市町村参与拡大による営業税廃止という方向を、政治的により実現可能なものとするために新たな妥協的提案を作成した。そこで同研究所による2000年発行の双書第94号（L. シェンメル執筆）『自治体租税自治と営業税解体』[8]に拠って、その改革の骨子と内容をみておこう。

営業税廃止を実現するための改革のポイントは二つある。一つは、売上税への市町村参与を拡大するが、その際に市町村への税収配分の基準は当該市町村での純売上額を中心にしつつ、就業者数基準も補完的に活用する。いま一つは、所得税・法人税の市町村での税率操作権を保障するが、それによって租税負担が増大しないように市町村税率操作権には一定の制限を設ける[9]。

同研究所によれば、「営業税の解体は営利企業の特別負担を一掃することになるが、この営業税は等価原則にも負担能力原理にも基づきえないし、両原理とは矛盾さえしているのである。それゆえ営業税の解体は、課税権の透明化と簡素化に寄与し、納税者や財務行政、財務裁判所にとって負担軽減や業務軽減をもたらすのである」[10]。

その上で同研究所は、売上税市町村参与と所得税・法人税への市町村税率操作権導入は、次のような積極的利点をもつとする[11]。

第1に、個々の負担能力に応じて課税するという原則に従って市町村課税が整備されることである。この点についてはとくに所得税参与での税率操作権が寄与するが、売上税市町村参与拡大も応能原則による自治体租税収入を強化することになる、という。なぜなら、売上税は（消費された）所得への一般的な比例税としてみなすことができ、そして生活必需財には軽減したりゼロ税率で賦課できるからである、と。

第2に、まず国内での競争において、営利事業とその他事業の競争が営業税の特別負担によってもはや歪められない。国際競争においても営業税は売上税と異なり国境調整されず、またそもそも外国には類似形態の租税負担がないためドイツ企業固有の負担でもあった。それゆえ国際競争の面でも営業税解体の利点は大きいとされる。

第3に、財政面での利点もある。市町村にとって売上税参与は営業税よりも恒常的安定的な収入源となるし、より持続的に経済成長の恩恵に参加することになる。その結果、自治体財政が景気循環から影響を受ける危険も減少する。加えて、営業税の場合にみられるような市町村間の過度の税収格差もなくなる。

第4に、自治体政策の意思形成も改善される。なぜなら、営業税での税率操

作権では追加的歳出に対しては一部の市町村構成員（企業）の特別負担による資金調達で遂行されていたが、営業税廃止によってそのような歪みもなくなる。反対に、所得税での税率操作権は財政政策上の意思形成での市町村構成員の関心を高め、多かれ少なかれ広範な市民選好を考慮して意思形成がされるようになる、と。

(2) 改革のモデル

それでは連邦納税者連盟＝カール・ブロイヤー研究所による改革モデルを具体的にみてみよう。表7-3は、営業税廃止によるドイツ全体での税収変動ないし減収と、それに対応する財源対策を示している。

まず注意すべきは、ドイツ全体では営業税廃止による純減収は104億ユーロであることである。つまり営業税収入243億ユーロを喪失するが、経営コストとしての営業税負担がなくなる分だけ所得税・法人税の課税ベースが拡大して、所得税は84億ユーロ、法人税は36億ユーロだけ増収になるなど、結果的に営業税廃止による純減収は104億ユーロになるのである。

一方、この純減収分に対応するため改革モデルでは法人税率を25％から37％に引き上げること、そして新たに法人税収入の15％分に市町村が参与するとしている。いずれにせよドイツ全体では法人税が96億ユーロ、そして連帯付加分が5億ユーロの増収となり、合計で101億ユーロの財源が形成される。これによって営業税廃止による純減収分は相殺され、全体として税収中立がほぼ確保される。

次に表7-4で、改革による市町村の税収収支をみてみよう。営業税廃止による市町村の純減収は、粗営業税収入243億ユーロから連邦・州への営業税納付金53億ユーロを除いた190億ユーロである。これに対して、所得税参与での増収は13億ユーロ、法人税参与による増収は43億ユーロであり、その合計は56億ユーロである。つまりその差額134億ユーロを売上税市町村参与による増収でまかなうことになる。売上税総額は不変つまり売上税率の引き上げはないので、連邦・州の売上税収入は売上税市町村参与の増加分だけ減少することにな

表7-3　営業税廃止による税収変化と財源対策

(単位：100万ユーロ)

営業税廃止による税収変化	営業税	−2,436
	所得税	8,485
	法人税	3,654
	資本税	1,076
	連帯付加金	724
	総	−10,421
財源対策 法人税率 引き上げ 25→37%	所得税	－
	法人税	9,600
	資本税	－
	連帯付加金	528
	総計	10,128

出所) *Kommunale Steuerautonomie und Gewerbesteuer*, S. 178.

表7-4　連邦・州・市町村の税収変化

(単位：100万ユーロ)

市町村　収支	0
粗営業税	−24,360
営業税納付金	5,380
所得税	1,272
法人税	4,290
売上税	13,418
連邦　収支	1,653
営業税納付金	−1,483
所得税	3,606
法人税	4,482
資本税	538
連帯付加金	1,252
売上税	−6,742
州　収支	97
営業税納付金	−1,854
所得税	3,606
法人税	4,482
資本税	538
売上税	−6,675
ドイツ統一基金	−454
新方式財政調整	−1589

出所) *Kommunale Steuerautonomie und Gewerbesteuer*, S. 179.

る。それでも所得税、法人税の増収分があるので、この改革によって全体で連邦税収は16億ユーロ、州税収は1億ユーロの増収になっている。

そして売上税収の市町村への配分は、当該市町村での純売上税額を中心的基準とし、就業者数による基準を補完的に利用すべきとする。これらの両指標は、既存の官庁統計を利用しての算定が容易であり、また市町村間の過度の税収格差を避けることができるからである[12]。

さて企業の純売上額は粗売上額から前払い額を差し引いて計算できる。前者は既存の売上税納税報告の構成項目であり、後者は前段階税額を平均売上税率（1999年で12.2%）で除して算出する。純売上額は付加価値額に近くなり、結果的にこの基準による売上税配分は市町村税収にとっては地方付加価値税と同様の効果をもつことになる[13]。いま1998年のヘッセン州と同州最大都市フランクフルト・アム・マイン市を例にとれば、州全体の粗売上額6866億マルク、前払い額6022億マルクで、純売上額は844億マルク、そしてフランクフルト市の粗売上額1875億マルク、前払い額1645億マルクで、純売上額は230億マルクである。純売上額でのフランクフルト市の州内比重は27.3%になる[14]。一方、市町村の就業者数を売上税配分の基準の一つにするのは、市町村への所得税配分が居住地原則に基づいていることへの一種の対抗措置になる。これによって市町村は、居住市民を増加させることだけではなく、就業者数増になる企業誘致にも関心を保つことになる[15]。そして就業者数基準によれば純売上額基準よりも市町村間の税収力格差はさらに縮小される。例えば、1998年のヘッセン州の就業者数209.3万人に対してフランクフルト市は45.2万人で21.6%の比重であり、純売上額の比重27.3%よりも小さくなっている[16]。

ところで、営業税を売上税市町村参与に代替することには都市サイドは強く反対している。個々の市町村とくに経済力のある都市にとっては、営業税廃止による減収分を売上税配分では完全に保障されない可能性があるからである。この危険性は1998年からの営業資本税廃止と売上税市町村参与導入において、市町村が現実に経験したことでもあった。こうした反発に対しては、この改革モデルは売上税参与による税収入の安定化という一般的メリットと、配分方式

としての純売上額基準に就業者数基準のミックスによって、都市サイドを説得可能であるという立場である[17]。

最後に所得税への市町村の税率操作権について。改革提案によれば、所得税の10分の1を課税基準額として市町村はこの課税基準額に対して150％を限度に独自の賦課率を課すことになる。つまり市町村の所得税収入は総額では、現行の所得税市町村参与分（15％）を超えることはない[18]。そして法人税に対する市町村の税率操作権も、所得税と同様に15％相当分の範囲内で認められるべきとされている[19]。なお同研究所によれば、所得税市町村参与での租税競争は、営業税のそれよりもずっと強く大半の市町村構成員に関わるがゆえに、市町村は結局は税率引き上げの不利益を十分に考慮せざるえなくなること、また売上税参与収入の成長性と安定性を考えればむしろ所得税市町村参与の税率引き下げも可能ではないか、ということである[20]。

III　所得税・法人税付加税と不動産税増徴

(1) 改革の骨子

営業税改革に関する経済界の代表的主張の一つは、ドイツ工業連盟（BDI）の提言（2001年）にみられるように、現行営業税を廃止しその代替財源として所得税・法人税への市町村付加税を導入するというものである。しかしこの所得税・法人税付加税案に対して、都市サイドからは営業税代替のためには高い付加税率が不可避なこと、また市町村間で著しい付加税率格差が生じることを理由に強い異論が出されていた[21]。

そうした中でケルン大学財政学研究所のC.フュエストとM.テーネは、営業税の代替案として所得税・法人税付加税導入と不動産税改革を結合させることを提案している[22]。つまり市町村の固有税である不動産税を増徴することによって、所得税・法人税への付加税が過重になることを回避して、所得税・法人税付加税案を政治的により実現可能なものにしようとするのである。

ここではまず不動産税の改革案についてみておこう。現行の不動産税（Grundsteuer）は不動産税A（農林業資産）と不動産税B（その他の土地資産）に分類され異なった税率が掛けられている。個々の不動産税額は租税基準額（＝統一評価額×租税指数）に賦課率を乗じて決定される。租税指数は農林業資産には6％、その他土地資産には原則として3.5％が適用され、これに基づいた租税基準額が州財政局から個々の市町村に通知される。市町村ではこの租税基準額に対して課する賦課率を不動産税A・Bについて個別に決定することになり、営業税と同様に税率操作権を保持している[23]。

　そしてフュエストらはこの不動産税について、一つにはより細分化された用途別課税を行う土地利用税（Flächennutzensteuer）に再編すること、いま一つは地方税収に占める不動産税収の比重をOECD諸国平均並みに引き上げることを提起する。

　土地利用税は表7-5に示されるように7クラスの土地用途に区分され、それぞれ異なった租税指数（ユーロ／ha）が適用される。また市町村は現行と同様に独自の賦課率決定権をもつ。このように改革された不動産税は、フュエストらによれば次のような意味で地方税システムとしても適合的である。第1に、不動産税はその移動しない課税ベースゆえに分権的公共団体の租税としてとくに適合的である。つまり課税ベースが自治体間を移動することによる歪みを避けることができる。第2に、不動産税は財政上の等価原則や利益調整原則に適う。多くの自治体サービスはその地域内にある土地資産の所有者や利用者に便益をもたらす。それだけではなく土地利用方法は、それによって市町村に発生する費用や機会費用の接触点として利用することができる。つまり土地利用によって市町村に発生する特別の費用は、その代償負担を発生集団に帰することができる。さらに土地利用税は、より効率的な土地利用の誘引にもなりうるであろう、と[24]。

　次に国際比較でみるとドイツの不動産課税の水準は低い。OECD諸国平均では同種の財産課税は地方税収の約35％を占めているのに対して、ドイツではわずか15％にしかすぎない。その意味ではドイツの不動産税は現在よりも相当

表7-5 土地利用税での用途区分と租税指数

土地用途区分	租税指数（ユーロ／ha）
自然保全用地（自然保護地域など）	0.00
自然保護的利用地（エコロジー的農業など）	0.00
森林経営的用地	0.74
その他農業用地	7.40
郊外の宅地	74.00
都市の宅地	3400.00
特に自然破壊的利用地（高層建築物など）	6800.00

出所）Clemens Fuest/Michael Thöne, Ein modifitiertes Zuschlagsmodell zur Reform der Gemeindesteuerern, *Wirtschaftsdienst*, 3/2003, S. 166.

程度引き上げることも可能である。それは土地利用における資源の最適配分に資するだけでなく、営業税を廃止して所得税・法人税付加税を導入する際に付加税率を抑える役割も果たしうるのである、と[25]。

それではこうした改革によってどの程度の効果が発揮されるのであろうか。フュエストらはノルトライン・ヴェストファーレン州内の396の都市・市町村を事例に改革による財政効果を三つのレベルで試算している。第1は、単純モデルであり営業税廃止による営業税純収入の減少分を単純に所得税・法人税への付加税で代替すると、各市町村で付加税率がどの程度になるかを2000年度を例に検証したものである。その結果は表7-6に示されており、市町村付加税率の加重平均は15.8％になる。4分の3の市町村は平均以下の付加税率（0〜15％）であるが、残る4分の1の市町村は15〜40％とかなり高い付加税率になってしまう。こうした高い付加税率の市町村が発生する単純モデルは、政治的に受け入れられる可能性は低くならざるをえない。

第2は、営業税廃止による税制上の波及効果を考慮したより現実的なモデルである。つまり営業税が廃止されれば、前述のように従来コスト算入されていた営業税負担がなくなりそれだけ所得税・法人税の課税ベースが拡大する。ノルトライン・ヴェストファーレン州（2000年）の例では、営業税廃止によって所得税が6.2％、法人税が21.3％の増収になるという。つまり市町村は営業税廃止によって、付加税を課す本体の所得税・法人税の課税ベースが拡大し、ま

表7-6　所得税・法人税付加税による営業税代替

所得税・法人税付加税率の指標		付加税率の分布（市町村数）	
最低付加税率	2.0%	0～5%	25
最高付加税率	39.9%	5～10%	123
単純平均値	12.9%	10～15%	130
加重平均値	15.8%	15～20%	73
税収割合		20～25%	27
所得税・法人税付加税	76.5%	25～30%	12
不動産税	23.5%	30～35%	4
		35～40%	2
		40～45%	－

注）ノルトライン・ヴェストファーレン州内の396市町村の事例分析。
出所）Fuest/Thöne, a. a. O., S. 167.

表7-7　所得税・法人税への波及効果を考慮したケース

所得税・法人税付加税率の指標		付加税率の分布（市町村数）	
最低付加税率	0.6%	0～5%	87
最高付加税率	27.8%	5～10%	180
単純平均値	8.6%	10～15%	95
加重平均値	11.0%	15～20%	26
税収割合		20～25%	6
所得税・法人税付加税	57.5%	25～30%	2
不動産税	23.5%	30～35%	－
所得税市町村参与の増収	4.0%	35～40%	－
営業税納付金の廃止	15.0%	40～45%	－

出所）Fuest/Thöne, a. a. O., S. 168.

た既存の所得税市町村参与（15%分）の配分も拡大することから、結果的に付加税率をより低く抑えることが可能になる。表7-7によれば、付加税率の加重平均は11.0%に低下し、付加税率が15%以上になる市町村は全体の8.5%（34市町村）に縮小している。ただ、付加税率の最高値はなお27.8%の水準にあることは注意すべきである。

　そして第3のモデルが土地利用税に再編した不動産税の負担を現行水準よりも大幅に引き上げるものである。当然ながら不動産税引き上げの程度が大きいほど、税収中立ならば所得税・法人税の付加税率をそれだけ低くできる。いま表7-8は、不動産税の負担を現行水準よりも2倍にしたケースの付加税率の

表7-8 不動産税を2倍にしたケース

所得税・法人税付加税率の指標		付加税率の分布（市町村数）	
最低付加税率	0.0%	0～5%	299
最高付加税率	24.7%	5～10%	123
単純平均値	4.9%	10～15%	30
加重平均値	6.6%	15～20%	10
税収割合		20～25%	4
所得税・法人税付加税	34.2%	25～30%	―
不動産税	46.6%	30～35%	―
所得税市町村参与の増収	4.0%	35～40%	―
営業税納付金の廃止	15.0%	40～45%	―

出所) Fuest/Thöne, a. a. O., S. 169.

状況である。付加税率の加重平均は6.6%にまで低下し、付加税率が15%以上になるのは396市町村の中でわずか14市町村である。

このように不動産税増徴を組み合わせれば、営業税の代替財源として所得税・法人税付加税を導入してもその付加税率はかなり低く抑えることができる。とくにその効果は不動産価値の高い都市部ほど顕著に表われることになろう。本書第6章でも述べたように都市サイドは営業税代替財源として所得税・法人税付加税に関しては否定的であった。それはこの付加税率がそもそも大都市や中心都市において相対的に高くなってしまうからであった。かくしてフュエストらの不動産税増徴モデルは、営業税代替案としての所得税・法人税付加税への最大の反対者である都市部の不満も緩和して、その代替案の政治的実現性を高めようとするものであった。ただドイツ都市会議は、営業税縮小・廃止の代替財源として不動産税を強化することには、企業負担を広範な住民（不動産賃借者）の負担に移転させることになると、基本的に反対している[26]。

なお所得税・法人税付加税案を実現させる別の方策として、所得税帰属での就業地市町村への配慮を提起する論者もいる。例えば、連邦財務省のM. ブロアーは、所得税収の市町村への帰属は現行では100%居住地原則によるが、周辺市町村に居住して中心都市で就業する個人に関してはその所得税の帰属を居住地市町村と就業地市町村で50：50で折半するという方式を提案している。これは通勤人口が享受していながら十分に負担していない、中心都市における公

共サービスのスピルオーバー効果に対応するものでもある。これによって中心都市の帰属所得税が増加し、結果的に所得税付加税率を抑制することができる。ブロアーは三つの都市州（2000年）を事例に試算しているが、就業地原則を加味することによってその所得税付加税率は、ベルリン市で28.08％から23.13％に、ブレーメン市が40.31％から26.23％に、ハンブルク市が47.05％から29.75％に低下できるという[27]。

おわりに

　営業税の代替財源として考える場合、それが市町村固有税であれ連邦・州との共通税であれ、単一の租税のみで実行しようとすると、改革の及ぼす影響や変動が大きくなり容易に実現できなくなってしまう。その意味では本章でとりあげた3案は複数の手段を結合させながら、地方付加価値税、売上税市町村参与、所得税・法人税付加税という原則的改革をとにかく実現させようとする試みであった。本章の各節ではそれぞれの改革案の骨子・ねらいや改革モデルの事例を紹介してきたが、最後にまとめとして改革案を相互に比較しながら若干の評価を加えてみよう。その際、営業税に替わる市町村税源であるという点からも、租税自治の程度、租税負担のあり方、自治体と経済の関連に留意して考えてみたい。

　第1の地方付加価値税の売上税控除案では、企業の納付する地方付加価値税の7割は売上税によって消費者が結局は負担することになる。営業税や地方付加価値税とは、本来一義的には企業負担であるべきものが、事実上は消費者負担に変化してしまっている。確かに企業は地方付加価値税を負担し市町村も地方付加価値税率を操作できるものの、売上税という緩衝材がはさまれた結果、企業の実質負担と市町村税収は疎遠なものとなり、本来の応益原則的な物税としての特性は大幅に減じたものにならざるをえないであろう。

　第2の売上税市町村参与拡大案は、営業税廃止による純減収は基本的には法人税率引き上げによって補てんされており、企業の全体的な負担水準に変化は

ない。また売上税の市町村配分も純売上額および就業者数を基準にすれば、自治体と経済の関連強化にもある程度配慮することができよう。とはいえ市町村にとっては、営業税では保障されていた税率操作権が売上税参与では全く行使できない。また所得税・法人税付加税での税率操作権も現行負担水準内での行使という限定つきである。その意味では市町村の租税自治にとって問題は大きい。

第3の所得税・法人税付加税と不動産税増徴案は、所得税・法人税付加税への都市サイドからの反対論に配慮した改革案としては興味深い。だがドイツ市町村における不動産税収の相対的低水準という動向は、第2次世界大戦後以降一貫した構造的なものである。現行の不動産税水準は土地・住宅所有者の租税負担や、オフィス・賃貸住宅の賃料水準など、ドイツ経済や国民生活に深く根付いている可能性も高い。その負担水準を大幅に引き上げるのが政治経済的に可能かどうか疑問も残る。また営業税から所得税・法人税付加税への転換は、ドイツ都市会議が指摘するように市町村における租税負担が多かれ少なかれ企業負担から市町村住民の所得負担に移行するという問題であることも軽視できないであろう。

注
1) 本書第4章～第6章、参照。
2) Wolfgang Scherf, Perspektiven der kommunalen Besteuerung, *Schriften des Vereins für Socialpolitik*, NF Band 283 (*Probleme der Kommunalfinanzen*), 2001. なお同報告ではシェルフは第2案として地方付加価値税額を当該企業の所得税・法人税から控除する案を提示しているが、ここでは本来的主張である第1案の売上税控除のみに注目しておく。また、シェルフによる同趣旨の要約的論文として、W. Scherf, Ersatz der Gewerbesteuer durch eine anrechnenbare Wertschöpfungsteuer, *Wirtschaftsdienst*, 10/2002, がある。
3) Scherf, Perspektiven der kommunalen Besteuerung, S. 32.
4) Ebenda, S. 39.
5) Ebenda, S. 39-41.
6) Ebenda, S. 41.

7) Ebenda, S. 41
8) Lothar Schemmel, *Kommunale Steuerautonomie und Gewerbesteuerabbau*, Karl-Bräuer-Institut des Bundes der Steuerzahler, Heft 94, 2002.
9) Ebenda, S. 166.
10) Ebenda, S. 172.
11) Ebenda, S. 172-174.
12) Ebenda, S. 182-183.
13) Ebenda, S. 188.
14) Ebenda, S. 189.
15) Ebenda, S. 193.
16) Ebenda, S. 196.
17) Ebenda, S. 197-199.
18) Ebenda, S. 202-203.
19) Ebenda, S. 212.
20) Ebenda, S. 214.
21) 本書第6章、参照。
22) Clemens Fuest/Michael Thöne, Ein modifitiertes Zuschlagsmodell zur Reform der Gemeindesteuerern, *Wirtschaftsdienst*, 3/2003.
23) Horst Zimmermann, *Kommunalfinanzen*, Baden-Baden 1999, S. 170-171、伊東弘文『現代ドイツ地方財政論（増補版）』文眞堂、1995年、220-222ページ、参照。
24) Fuest/Thöne, a. a. O., S. 165-166.
25) Ebenda, S. 168.
26) ドイツ都市会議の『市町村財政報告2003』では、各団体から提起されている営業税の代替財源案について都市の立場から批判的に検討している。その中でドイツ工業・商業会議（DIHT）は、売上税市町村参与拡大と不動産税増徴の両者を合わせて、営業税廃止のための代替財源として提案していた。このDIHTの不動産税増徴案に対して、都市会議は次のように批判している。営業税は不動産税よりも強く都市に集中している。それ故、都市では営業税収入の補てんのために不動産税を平均以上に増徴せねばならなくなる。これは広範な住民階層の負担で経済の負担を軽減することを意味する。なぜなら、不動産税は不動産賃借人に転嫁されるからである。都市の租税負担において企業から広範な住民階層に構造的に転移するということについては、このやり方はＢＤＩ

モデルと同様に都市・郊外問題を先鋭化させてしまう。それ故、必要とされる不動産税の改革も、営業税の改革と結びつけるべきではない、と（Gemeindefinanzbericht 2003, *Der Stätdetag*, 9/2003、S. 40-41.）。
27) Michael Broer, Wirkungen des kommunalen Zuschlags zur Einkommen- und Körperschaftsteuer, *Wirtschftsdienst*, 9/2003.

参考文献

Alter, Rolf :
Die Praktikabität einer kommunalen Wertschöpfungsteuer, *Wirtschaftsdienst*, 11/1984

Braun, Ulrich:
Die Besteuerung der Unternehmen in der Weimarer Republik von 1923 bis 1933, Köln 1988

Broer, Michael:
Ersatzvorschläge für die Gewerbesteuer, *Wirtschatsdienst*, 12/2001
Wirkungen des kommunalen Zuschlags zur Einkommen-und Körperschaftsteuer, *Wirtschftsdienst*, 9/2003.

Bundesministerium der Finanzen (Hrsg.):
Der Wissennschaftliche Beirat beim Bundesministerium der Finanzen Gutachten und Stellungnahmen 1974-1987, Tübingen 1988 (Der Wissenschaftliche Beirat beim Bundesministerium der Finanzen: Gutacten zur Reform der Gemeindesteuern in der Bundesrepublik Deutschland, vom Juri 1982)

Bundesministerium der Finanzen Sekretariat der Arbeitsgruppe ‚Kommunalesteuern':
Bericht der Arbeitsgruppe ‚Kommunalesteuern' an die Kommission zur Reform der Gemeindefinanzen, vom 20. Juni 2003.

Bundesverband der Deutschen Industrie e. V. und Verband der Chemischen Industrie e. V. (Hrsg.) :
Verfassungskonforme Reform der Gewerbesteuer, 2001.

Clemens, Reihard/Thomas, Held:
Gewerbesteuerreform im Spannungsfeld von Unternehmensteuerbela und kommunaler Finanzautonomie, Stuttgart 1986

Deutscher Städtetag:
Städte Staat Wirtschaft, Berlin 1926

Fuest, Clemens/Huber, Bernd:
Zur Reform der Gewerbesteuer, Gutacten, erstellt in Auftrag Des Ministeriums für

Wirtschaft im Saarland, München 18. Juni 2001

Neue Wege bei der Finanzierung der Kommunen: Zuschlagesrechte statt Gewerbesteuer, *Wirtschaftsdienst*, 5/2002

Fuest, Clemens/Thöne, Michael:

Ein modifitiertes Zuschlagsmodell zur Reform der Gemeindesteuerern, *Wirtschaftsdienst*, 3/2003

Führbaum, Hermut:

Die Entwicklung der Gemeindesteuern in Deutschland (Preussen) bis zum Beginn des 1. Weltkriegs, Diss., Münster 1971

Hansmeyer, Karl-Heinrich:

Gewerbesteuer, *Handwörterbuch der Wirtschaftswissenschaft, Bd. 3*, Stuttgart 1981,

Die Entwicklung des kommunalen Einnahmensystems in Deutschland, in G. Püttner (Hrsg.), *Handbuch der kommunalen Wissenscaft und Praxis, Band 6 Kommunale Finanzen*, Berlin 1985

Der Streit um die Gewerbesteuer, eine unendliche Geschite, in Gerhard Seiler (Hrsg.), *Gelebte Demokratie. Festschrift für Manfred Rommel*, Köln 1977

Hansmeyer, Karl-Heinlich (Hrsg.):

Kommunale Finanzpolitik in der Weimarer Republik, Stuttgart 1973（廣田司朗・池上惇監訳『自治体財政政策の理論と歴史』同文舘、1990年）

Hansmeyer, Karl-Heinrich/Zimmermann, Horst:

Bewegliche Einkommensbesteuerung durch die Gemeinden, *Wirtschaftsdienst*, 12/1991

Einführung eines Hebesatzrechts beim gemeindlichen Einkommensteueranteil, *Wirtschaftsdienst*, 9/1992

Homburg, Stefan:

Eine kommunale Unternehmensteuer für Deutschland, *Wirtschaftsdienst*, 9/1996

Reform der Gewerbesteuer, *Archiv für Kommunalwissenschaften*, Jg. 39, 2000

Institut "Finanzen und Steuern":

Reform der Gewerbesteuer (Schriftenreihe des Instituts "Finanzen und Steuern" Heft 36), Bonn 1956

Reform der Gewerbesteuer II-Lohnsummesteuer- (Schriftenreihe des Instituts "Finanzen und Steuern" Heft 36, Bd. 2), Bonn 1956

Karl-Bräuer-Institut des Bundes der Steuerzahler e. V.:
Abbau und Ersatz der Gewerbesteuer Darstellung, Kritik, Vorschläge, Wiesbaden 1984

Karrenberg, Hanns:
Die Bedeutung der Gewerbesteuer für die Städte, Stuttgart 1985
Der Städtetags-Vorschlag zur Umgestaltung der Gewerbesteuer, Zeitschrift für Kommunale Finanzen, 1986 Nr. 12,
Unternehmenbesteuerung und Gewerbesteuer-Zur aktuellen Reformdiskussion-, *Zeitschrift für Kommunal Finanzen*, 1990 Nr1
Weitere Demontage statt Reform?-Zum aktuellen Stand der Gewerbesteuerdiskussion, *Zeitschrift für Kommunal Finanzen*, 1995 Nr. 4
Abschaffung der Gewerbekapitalsteuer und Gemeindeanteil an der Umsatzsteuer, *Zeitschrift für Kommunal Finanzen*, 1997 Nr11

Karrenberg, Hanns/Münstermann, Engelbert:
Gemeindefinanzbericht 1995, *Der Stätdetag*, 3/1995
Gemeindefinanzbericht 1996, *Der Stätdetag*, 3/1966
Gemeindefinanzbericht 1997, *Der Stätdetag*, 3/1997
Gemeindefinanzbericht 1998, *Der Stätdetag*, 3/1998
Gemeindefinanzbericht 1999, *Der Stätdetag*, 4/1999
Gemeindefinanzbericht 2000, *Der Stätdetag*, 4/2000
Gemeindefinanzbericht 2002, *Der Stätdetag*, 4/2002
Gemeindefinanzbericht 2003, *Der Stätdetag*, 9/2003
Gemeindefinanzbericht 2004, *Der Stätdetag*, 1/2004

Kaufmann, Richard von:
Die Kommunalfinanzen 2. Bande, Leipzig 1906

Kinkel, Martin:
Die Abschaffung der Gewerbekapitalsteuer und ihre Kompensation, *Wirtschaftsdienst*, 5/1995

Klaus, Herbert:
Zum Abbau der Gewerbesteuer und zur Diskussion um einen Geeigneten Ersatz für die Gemeinden, *Der Gemeindehaushalt*, 10/1995

Kommission für die Finanzreform:
Gutachten Finanzreform in der Bundesrepublik Deutschland, 1966

Lenz, Dieter:
Der Einkommensteueranteil, in, *Handbuch der kommunalen wissenschaft und Praxis Bd. 6 Kommunalen Finanzen*, Berin 1985

Lichtenstein, Herta:
Die Finanzwirtschaft der deutschen Grossstädte von 1925 bis 1931, Jena 1933

Littmann, Konrad:
Gewerbesteuern, in *Handbuch der Finanzwissenschaft, Bd. 2*, Tübingen 1980

Maiterth, Ralf:
Wertschöpfung- und Zuschlagsteuer: Gegensätzliche Kommunal-Steuerkonzepte, *Wirtschaftsdienst*, 6/2004

Martini, Paul:
Die Einkommensteuerzuschläge in den grössern preussischen Städte in ihrer Entwicklung seit der Miquelschen Steuerreform, Diss., Berlin 1912

Metzger, Ulrike/Weingarten, Joe, *Einkommensteuer und Einkommensteuerverwaltung in Deutschland*, Opladen 1989

Milbrandt, Georg H.:
Die Gewerbesteuer, in *Handbuch der kommunalen Wissenschaft und Praxis Bd. 6 Kommunalen Finanzen*, Berin 1985

Most, Otto:
Die Finanzlage der Ruhrgebietsstädte, Jena 1932

Neumark, Fritz:
Grundgedanken des Gutachtens über die Finanzreform in der Bundesrepublik Deutschland, *Schriften des Vereins für Socialpolitik*, Bd. 52, 1969

Oberhauser, Alois:
Die Eignung der Wertschöpfungsteuer als Gemeindesteuer, *Schriften des Vereins für Socialpoltik*, Bd. 32, 1964

Pfaffernoschke, Andreas:
Die Diskussion um die Gewerbesteuer, Frankfurt am Main 1990

Popitz, Johaness:
Der künftige Finanzausgleich zwischen Reich, Ländern und Gemeinden, 1932

Reidenbach, Michael:
Der Ersatz der Gewerbekapitalsteuer durch die Beteiligung der Gemeinden am Umsatzsteueraufkommen, *Der Gemeindehaushalt*, 1/1998

Rehm, Hannes:

Das kommunale Finanzproblem-Möglichkeiten und Grenzen für eine Lösung, *Finanzarchiv* N. F. Bd. 39, Heft 2, 1981

Rehm, Hannes/Matern-Rehm, Sigrid:

Kommunale Finanzwirtschaft, Frankfurt am Main 2003

Rish, Bodo:

Siechtum der Gewerbesteuer-und keine Ende, *Wirtschaftsdienst*, 6/1987

Roland, Frank:

Gewerbesteuer-Ein Problem bei der Reform der Unternehmensbesteuerung, *Wirtschaftsdienst, 2/2000*

Roth, Petra:

Modernisierung statt Abschaffung der Gewerbesteuer, Wirtscaftsdienst, 5/2002

Sander, Mattias:

Ersatz der Gewerbesteuer durch eine Gemeindeeinkommensteuer, *Wirtschatsdienst*, 8/2001

Schemmel, Lothar:

Kommunale Steuerautonomie und Gewerbesteuerabbau, Karl-Bräuer-Institut des Bundes der Steuerzahler, Heft 94, 2002.

Scherf, Wolfgang:

Perspektiven der kommunalen Besteuerung, *Schriften des Vereins für Socialpolitik, NF Band 283 (Probleme der Kommunalfinanzen)*, 2001

Ersatz der Gewerbesteuer durch eine anrechenbare Wertschöpfungsteuer, *Wirtschaftsdienst*, 10/2002

Schmidt, Johannes Werner:

Die Gemeindeeinkommensteuer nach dem Sachverstandigengutachten in qualitativer Sicht, *Kommunale Steuer-Zeitschrift*, 15Jg. Heft12, 1966

Schmitz, Thorsten:

Die Gemeindefinanzreform, Interkommunaler Steuerwettbewerb und der betriebliche Standortentscheidungsprozess, Frankfurt am Main 2004

Schneider, Berndt Jürgen:

Gewerbesteuer-quo vadis?, *Der Gemeindehaushalt*, 2/1996

Schwarting, Gunnar:

Wertschöpfungsteuer-Neue Belastungen für die Wirtschaft?, *Wirtschaftsdienst*,

2/1984

Statistischen Reichsamt:

Besteuerung und Rentabilität gewerbelicher Unternehmen (*Einzelschriften zur Statistik des Deutschen Reichs Nr. 4*, Berlin 1928)

Die Gemeindefinanzen in der Wirtschaftskrise (*Einzelschriften zur Statistik des Deutschen Reichs Nr. 32*, Berlin 1936)

Strauss, Wolfgang:

Probleme und Möglichkeiten einer Substituierung der Gewerbesteuer, Westdeutscher Verlag 1984

Weinberger, Bruno:

Das Urteil der Gutahter, *Der Städtetag*, 4/1966

Woytinsky, Emma:

Sozialdemokratie und Kommunalpolitik, Berlin 1930

Zeppenfeld, Burkhard:

Handlungsspielraume städtischer Finanzpolitik; Staatliche Vorgaben und kommunales Interesse in Bochum und Münster 1913-1935, Essen 1998

Zimmermann, Horst:

Kommunalfinanzen, Baden-Baden 1999

Gewerbesteuer-in welche Richtung?, *Wirtschaftsdienst*, 8/2002

天野史子「ドイツ付加価値税と地方財政」『地方税』2002年11月号
伊東弘文『現代ドイツ地方財政論（増補版）』文眞堂、1995年
　　同　　「西ドイツ地方付加価値税案と自治」『都市問題』第80巻第11号、1989年11月
佐藤　進『近代税制の成立過程』東京大学出版会、1965年
　　同　　『現代西ドイツ財政論』有斐閣、1983年
佐上武弘「西独における財政改革論(1)〜(10)」『自治研究』第42巻第9号〜第44巻第1号、1966年9月〜1968年1月
関野満夫『ドイツ都市経営の財政史』中央大学出版部、1997年
　　同　　「現代ドイツ営業税の展開」中央大学『経済学論纂』第40巻第1・2合併号、1999年10月
　　同　　「ウィーン市財政の史的展開」『経済学論纂』第41巻第1・2合併号、2000年7月

同　「1990年代ドイツ都市税収の動向」『経済学論纂』第41巻第3・4合併号、2000年12月

　　同　「ドイツにおける地方付加価値税構想」『経済学論纂』第43巻第3・4合併号、2003年3月

　　同　「ドイツ営業税の代替案をめぐって」『経済学論纂』第44巻第1・2合併号、2003年12月

　　同　「ドイツ営業税の代替案をめぐって（続）」『経済学論纂』第44巻第3・4合併号2004年2月

　　同　「ドイツ市町村税の改革をめぐって」『都市問題』第95巻第3号、2004年3月

　　同　「ドイツにおける地方所得税構想」『経済学論纂』第45巻第1・2合併号、2005年3月

　　同　「第2次大戦前ドイツの市町村税」『経済学論纂』第45巻第5・6合併号、2005年3月

高砂恒三郎「独逸公民税に就て」『都市問題』第28巻第4号、1937年4月

武田公子『ドイツ政府間財政関係史論』勁草書房、1995年

　　同　『ドイツ自治体の行財政改革』法律文化社、2003年

竹内良夫「プロイセンのKAG（地方税法）の破綻」東洋大学『経済経営論集』第54号、1969年12月

　　同　「ドイツの地方所得税強化について」東洋大学『経済経営論集』第55号、1970年2月

半谷俊彦「応益課税を中心とした地方税制のあり方に関する考察」『自治総研』2004年10月号

中村英雄「西ドイツの営業税について」成城大学『経済研究』第60・61号、1988年2月

中村良広「ドイツ市町村売上税参与の導入と地方自治」『自治総研』1999年12月号

　　同　「ドイツ市町村税の今日的課題」『月刊　自治研』2001年3月号

諸富　徹「ドイツにおける近代所得税の発展」宮本憲一・鶴田廣巳編著『所得税の理論と思想』税務経理協会、2001年

山内健生「ドイツにおける営業税改革について」『地方税』1996年10月号

　　同　『「ヨーロッパ統合」時代の地方自治』日本法制学会、1999年

吉村典久「地方における企業課税──ドイツ事業税改革論議からの示唆──」租税法学会『租税法研究』第29号、2001年

あとがき

　本書は私が1999年から2005年にかけて発表した下記論文をもとに構成されており、各章との対応関係は次のようになっている。

　第1章：「第2次大戦前ドイツにおける市町村税」
　　　　　中央大学『経済学論纂』第45巻第5・6号、2005年3月
　第2章：「現代ドイツ営業税の展開」
　　　　　中央大学『経済学論纂』第40巻第1・2号、1999年10月
　第3章：「1990年代ドイツ都市税収の動向」
　　　　　中央大学『経済学論纂』第41巻第3・4号、2000年12月
　第4章：「ドイツにおける地方所得税構想」
　　　　　中央大学『経済学論纂』第45巻第1・2号、2005年3月
　第5章：「ドイツにおける地方付加価値税構想」
　　　　　中央大学『経済学論纂』第43巻第3・4号、2003年3月
　第6章：「ドイツ営業税の代替案をめぐって」
　　　　　中央大学『経済学論纂』第44巻第1・2号、2003年12月
　第7章：「ドイツ営業税の代替案をめぐって（続）」
　　　　　中央大学『経済学論纂』第44巻第3・4号、2004年2月

　本書にまとめるにあたって各論文とも若干の加筆・補正がなされているが、とくに第2章、第3章に関してはかなり大幅な加筆・補正がなされている。
　さて、本書作成に関連した個人的事情を2点ほどのべておきたい。一つは、本研究の出発点になったのは、本書第2章になっている「現代ドイツ営業税の展開」（1999年10月）という論文であった。当時わが国では法人事業税の改革問題が地方税改革の焦点の一つになっており、その比較検討の意味からも、日本と同様に法人実効税率の高かったドイツの地方企業課税の制度と実態を探ってみようというのが研究を始めたそもそもの動機であった。当初は地方企業課

税の日独比較という方向で研究を進めようとしたが、戦後ドイツでの営業税改革をめぐる議論と資料を勉強する中で、所得税や付加価値税・消費税（売上税）も含めたドイツにおける地方税改革の全体像に接近したいという希望を持つようになった。本書を構成する一連の論文はそうした作業の成果である。

いま一つの事情は、本書は私にとってドイツ財政に関する2冊目の著作となることである。前著『ドイツ都市経営の財政史』（中央大学出版部、1997年）は、19世紀後半から1930年代までのドイツの都市経営および都市財政の実態を実証的に検討したものである。同書でも第2次大戦前ドイツにおける営業税に関して触れてはいたが、十分な検討はなされていなかった。実は同書の元になった論文の一つである「ワイマール期の自治体財政」（中央大学『経済学論纂』第35巻第3号、1994年）では、1920年代・ワイマール期の営業税での賦課率格差や企業負担問題などに言及されていたが、同書作成にあたっての私自身の問題意識とずれていたこともあって、当該部分はほぼすべて削除されていたのである。今回、その内容は本書第1章第3節に活かすことができた。

次に、本書では十分に検討できなかった課題についてのべておこう。本書は「現代ドイツ地方税改革」というテーマの下で、もっぱら市町村税とその改革論議に焦点を当ててきた。そのため市町村税に関連し、かつ市町村税に影響を与える様々な要因については必ずしも十分には検討することはできなかった。ここではそれについて3点をあげておきたい。第1に、ドイツ市町村の行政サービスの内容と市町村税との関連である。とくに教育・福祉などの行政サービスの変遷と租税負担のあり方、ごみ処理などでの料金収入と租税負担のあり方などが重要になろう。第2に、各州における市町村財政調整と市町村税の関連である。本書でものべたように、ドイツにおける市町村税改革においては都市と農村の利害調整が重要問題として登場する。しかし他方では、ドイツ各州においては独自の市町村財政調整のしくみがあり、それぞれ市町村の財源保障と同時に都市と農村の一定の利害調整も実施されている。つまり、市町村財政調整の実態をふまえた上で、市町村税改革の可能性を検討する必要があろう。第3に、ドイツの地域経済の実態と市町村税との関連である。本書でも営業税改

革にともなう大都市圏における中心都市と周辺市町村との利害の相違など、市町村税改革における都市と農村の利害対立という側面に注目してきた。とはいえより本格的には、地域経済つまり地域における企業立地や産業構造、所得水準、住民構成の相違など、地域の実態経済の分析をふまえた上での市町村税改革の検討が必要になろう。

　本書に関わる研究を進めるにあたっては、参考文献にあげたようなドイツ財政およびドイツ地方財政に関する先行研究から多くを学んだ。なかでも故・佐藤進先生と伊東弘文先生の諸研究は私にとっては大きな導きの糸となったことを付言しておきたい。最後に、本書の作成・出版については日本経済評論社の谷口京延氏に大変お世話になった。記して感謝したい。

　　2005年6月　　　　　　　　　　　　　　　　　　　　関野　満夫

　付記：本書の刊行については独立行政法人日本学術振興会平成17年度科学研究費補助金（研究成果公開促進費）の交付を受けた。

【著者略歴】

関野満夫（せきの・みつお）

1954年　東京都生まれ
1977年　北海道大学農学部卒業
1987年　京都大学大学院経済学研究科博士課程満期退学
同年より　中央大学経済学部助手，助教授を経て
現在　中央大学経済学部教授，京都大学博士（経済学）

主な著書
『ドイツ都市経営の財政史』中央大学出版部，1997年
『日本型財政の転換』青木書店，2003年
『Basic 現代財政学（新版）』共著，有斐閣，2003年
『構造改革と地方財政』共著，自治体研究社，2004年

現代ドイツ地方税改革論

2005年8月15日　第1刷発行	定価（本体4600円＋税）

著者　関野満夫
発行者　栗原哲也

発行所　株式会社 日本経済評論社
〒101-0051　東京都千代田区神田神保町3-2
電話 03-3230-1661　FAX 03-3265-2993
E-mail：nikkeihy@js7.so-net.ne.jp
URL：http://www.nikkeihyo.co.jp
印刷＊藤原印刷・製本＊山本製本所
装幀＊渡辺美知子

乱丁落丁はお取替えいたします。　　　　Printed in Japan
© SEKINO Mitsuo 2005　　　　　　　　ISBN4-8188-1779-1
Ⓡ〈日本複写権センター委託出版物〉
本書の全部または一部を無断で複写複製（コピー）することは，著作権法上での例外を除き，禁じられています。本書からの複写を希望される場合は，日本複写権センター（03-3401-2382）にご連絡ください。

ユーロとEUの金融システム	岩田建治 編著	本体 5200 円
イギリスの貯蓄金融機関と機関投資家	斉藤美彦 著	本体 3000 円
決済システムと銀行・中央銀行	吉田　暁 著	本体 3800 円
国際通貨と国際資金循環	山本栄治 著	本体 4500 円
ドル体制とユーロ, 円	奥田宏司 著	本体 3800 円
現代金融システムの構造と動態	M. シェイバーグ 著 藤田隆一 訳	本体 3800 円
通貨危機の政治経済学	上川孝夫・新岡智 ・増田正人 編	本体 4700 円
金融システムと信用恐慌	小林真之 著	本体 3000 円
最終決済なき国際通貨制度	平　勝廣 著	本体 4200 円
アメリカ金融システムの転換	G. ディムスキ 他編 原田善教 監訳	本体 4800 円
欧州の金融統合	岩田建治 著	本体 3800 円
イギリス国債市場と国債管理	須藤時仁 著	本体 5200 円
金融危機と革新	伊藤正直他 編著	本体 4200 円
金融規制はなぜ始まったのか	安倍悦生 編著	本体 3800 円
現代イギリス地方税改革論	北村裕明 著	本体 3200 円
現代イギリスの地方財政改革と地方自治	小林　昭 著	本体 4500 円

表示価格は本体（税別）です